UNA PELÍCULA DE
MINECRAFT

Título original: *A Minecraft Movie: The Junior Novelization*

Publicado en Estados Unidos originalmente por Random House Children's Books, en Canadá por Penguin Random House Canada Limited y en Reino Unido en 2025 por Farshore, una división de HarperCollinsPublishers, 1 London Bridge Street, Londres SE1 9GF.

Adaptación de David Lewman

Editado por HarperCollins Ibérica, S. A., 2025
Avenida de Burgos, 8B - Planta 18
28036 Madrid
www.harpercollinsiberica.com
© de la traducción: Raúl Sastre, 2025
© 2025, HarperCollins Ibérica, S. A.

Adaptación de cubierta: equipo HarperCollins Ibérica
Maquetación: J. A. Diseño Editorial, S. L.
ISBN: 978-84-1064-317-8
Depósito legal: M-3126-2025
Impreso en España por: Black Print

LA NOVELA

ADAPTACIÓN DE DAVID LEWMAN

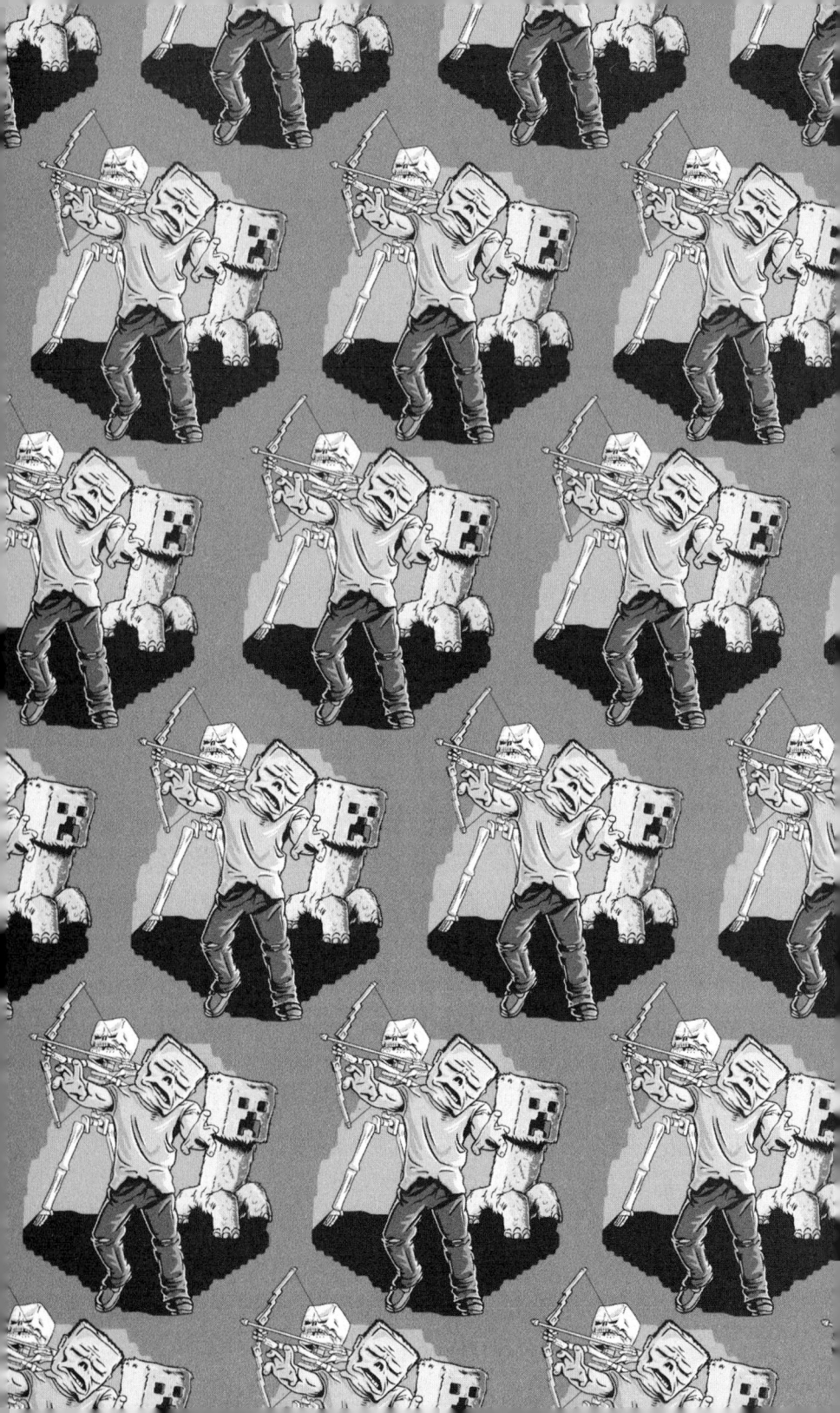

CAPÍTULO UNO

Cuando era un crío, un chico imaginativo y aventurero llamado Steve descubrió algo asombroso: una entrada a una mina abandonada situada en las afueras de la ciudad. ¿Quién podía saber qué clase de aventuras emocionantes podrían esperarle ahí dentro? ¡Cuevas maravillosas! ¡Criaturas extrañas! ¡Tesoros relucientes! Pero cuando estaba a punto de entrar en la mina para explorarla, un minero de ceño fruncido le detuvo.

—¡Eh, chaval! —vociferó el minero—. ¿Es que no sabes leer?

Señaló hacia un letrero que rezaba: ¡PROHIBIDA TERMINANTEMENTE LA ENTRADA A CUALQUIER MENOR!

De todas formas, Steve intentó colarse en la mina a toda velocidad, pero el minero lo ahuyentó. Así que, en vez de vivir unas aventuras emocionantes bajo tierra, Steve hizo algo terrible…

Creció.

En su aburrido trabajo como adulto, Steve intentó dar con la manera de ser creativo. Construyó dioramas. Compuso canciones para sus presentaciones. Se puso disfraces que confeccionaba él mismo. Pero los demás adultos se reían de lo que hacía, a pesar del empeño que le ponía. «¿Por qué? —pensó—. ¿Por qué la vida no puede ser más interesante? ¿Más rara? ¿Más divertida?».

Mientras trabajaba sin descanso en la oficina dentro de su gris cubículo, Steve no paraba de pensar en la mina abandonada que había descubierto de niño. Algo le decía que las respuestas que buscaba estaban ahí, bajo la superficie. ¡Tenía que volver a ese lugar y averiguar si eso era así!

De este modo, treinta años después de haber descubierto la misteriosa mina, Steve regresó a aquella entrada. El viejo minero seguía vigilándola, pero esta vez Steve logró esquivarlo con facilidad. Amagó bruscamente con ir hacia la derecha y se fue corriendo hacia la izquierda, mientras gritaba:

—¡Te engañé!

¡Sí, había entrado!

Cuando ya estaba abajo, en la mina abandonada, Steve utilizó un pico para abrirse paso a través de la piedra negra como el hollín. Al principio, no encontró nada, aunque no se desanimó. Siguió cavando, ¡hasta que un día dio con una brillante caja de cristal y un reluciente bloque perfecto, totalmente cuadrado! Como los dos misteriosos objetos parecían encajar de alguna manera, metió el bloque dentro de la caja.

¡BUUM!

¡Un portal mágico apareció! Era un gran rectángulo; una especie de campo azul que brillaba dentro de un marco. Steve abrió los ojos como platos al contemplar esa visión tan alucinante. Se vio atraído por el portal, lo atravesó...

... ¡y se encontró en un país de las maravillas muy extraño y repleto de bloques! Todo parecía estar hecho de bloques. Una abeja hecha de bloques pasó zumbando a su lado. Una oveja hecha de bloques clavó sus ojos en Steve y dijo:

—¡Beee!

Aunque Steve aún no lo sabía, este reino tan extraño era conocido como el Mundo superior.

Había algo en este lugar que hacía que Steve se sintiera inspirado, que despertó de nuevo su impulso creativo. Lo primero que hizo fue construir una casa muy sencilla con unos bloques de tierra que extrajo. En el Mundo superior, las leyes de la física no tenían mucho sentido; a veces, los bloques se caían al suelo; otras veces, se quedaban flotando en el aire. Pero de algún modo todo funcionaba a la perfección para Steve. Le encantaba construir y fabricar hasta hartarse. En cuanto terminó su primera casa, se puso a construir la segunda. Esta vez no usó bloques de tierra, porque descubrió que si rompía los árboles, estos se transformaban en tablones. ¡En un santiamén, Steve había construido una casa de madera, que incluso tenía unas torres grandes y pequeñas!

Steve se dejó llevar por su imaginación. Su tercera casa la construyó con lana de oveja rosa. Aunque, claro, ardió casi inmediatamente, pero por un breve instante ¡esa casa esponjosa fue una construcción alucinante!

Para Steve, el Mundo superior era perfecto. Salvo por las noches..., ¡cuando básicamente todo intentaba matarlo! Se encerraba en su casa, se hacía un ovillo y temblaba de miedo. Los zombis que gemían fuera golpeaban su puerta, mientras unos esqueletos pálidos deambulaban de aquí para allá más lejos, en la oscuridad. Pero entonces, una noche, oyó un rugido y un gruñido, y los gemidos se desvanecieron. ¿Acaso algo había espantado a las criaturas?

Steve abrió con cautela la puerta principal y echó un vistazo. Los zombis y los esqueletos estaban huyendo. ¡Un gran lobo gris los había ahuyentado!

—Esto..., ¡gracias, chico! —le dijo un agradecido Steve al lobo hecho de bloques—. Creo que me acabas de salvar la vida.

El lobo giró su descomunal cabeza hacia Steve. Tenía unos ojos rojos muy amenazadores. Gruñó.

Steve levantó ambas manos, con las palmas hacia fuera.

—¡Vaya! —dijo, intentando calmar a la bestia—. Tranquilo…, tranquilo…

Con la mirada, buscó algo a su alrededor que pudiera ofrecerle al lobo como una ofrenda de paz; vio entonces un hueso de esqueleto tirado en el suelo. Lo cogió y estiró el brazo, ofreciéndoselo así para que lo cogiera. Por un momento, el lobo se limitó a mirar fijamente el hueso.

¡Entonces, los ojos del lobo dejaron de tener un brillo rojo! En su boca, repleta de dientes afilados, se dibujó una sonrisa. Y un collar hecho de bloques, que contaba con una chapa de identificación, apareció en su cuello. ¡PUUF!

—Buen chico —dijo Steve mientras lo acariciaba. Entonces leyó lo que ponía en la chapa de identificación—. ¡Oh, te llamas Dennis!

Steve y Dennis se hicieron enseguida muy amigos. A Dennis le encantaba ver cómo Steve extraía bloques de los riscos rocosos del Mundo superior con su leal pico. A Steve le encantaba lanzarle un disco hecho de bloques a Dennis para que este saltara e intentara cogerlo.

Sobre todo, a estos dos amigos les encantaba construir cosas juntos. Cuando terminaron de levantar una torre alta, Steve retrocedió unos pasos y admiró su creación con los brazos en jarra.

—¿Qué opinas, Dennis? ¿Deberíamos llamarlo la Torre de Steve o la Atalaya de Steve?

—¡ARF! —ladró Dennis.

—Sí, colega —admitió Steve—. Lo has clavado. La llamaremos la Torresteve.

Al día siguiente, durante su paseo mañanero por los campos y bosques hechos de bloques del Mundo superior, Steve y Dennis se toparon con unas ruinas extrañas, donde había una puerta brillante hecha de obsidiana negra. Como daba la impresión de que a la puerta le faltaba un bloque, Steve extrajo rápidamente uno y lo colocó en el hueco.

Dennis olfateó un cofre que se hallaba junto a la puerta. Cuando Steve lo abrió, descubrió que dentro había un chisquero de pedernal, lo cual le permitiría hacer fuego. Steve golpeó el acero contra el pedernal.

SHANG. SHANG. ¡SHANK!

Las chispas volaron hacia la puerta, que se transformó en un campo de energía de color púrpura…, ¡en un portal!

Como Dennis quería saber adónde llevaba esa extraña puerta, la atravesó a toda velocidad.

—¡Dennis! —gritó Steve, estirando un brazo para detenerlo.

Pero ya era demasiado tarde.

CAPÍTULO DOS

Steve no tenía ni idea de adónde llevaba el portal. Pero no podía abandonar a su mejor amigo. Tras respirar hondo, atravesó la puerta reluciente.

Steve echó una ojeada a su alrededor y no le gustó nada lo que estaba viendo.

Ahí había fuego. Lava. Unas nubes de humo negro. Y unos cerdos de aspecto malvado. Aunque había atravesado el portal a primera hora de la mañana de un día soleado, en este lugar donde reinaba la oscuridad parecía ser de noche. Steve había dejado el Mundo superior atrás y había descendido al Inframundo.

¡AUUUUU!

¡Dennis estaba aullando! ¡Y parecía tener mucho miedo! Steve echó a correr para rescatar a su amigo. Tras cruzar velozmente unas cámaras envueltas en sombras, dio enseguida con su colega lupino, que se hallaba en una sala del trono, rodeado de unos soldados que se asemejaban mucho a unos cerdos, a los que en este mundo llamaban piglins. Aunque su cuerpo era muy parecido al de un ser humano, tenían una cabeza con forma de bloque con unos ojos, unas orejas y un hocico que eran más propios de un puerco. Estaban liderados por una malévola hechicera piglin llamada Malgosha. La bruja, que sostenía una vara, clavó su aterradora mirada en Steve. En su rostro podía verse que era un ser extremadamente egoísta y cruel.

Steve avanzó para enfrentarse a los piglins y a su temible lideresa.

—Soltad al lobo —les dijo—. Quedaos conmigo.

Mientras miraba a Steve, Malgosha sonrió de un modo cruel.

—Tengo una idea mejor. Nos vamos a quedar con vosotros dos. ¡Y con ese orbe!

Steve no tenía ni idea de cómo era posible que Malgosha supiera que llevaba ese objeto. Aunque nunca lo había considerado un orbe, se imaginó que se refería al bloque que había hallado en la mina abandonada y con el que había abierto el portal. De inmediato, lo sacó de su mochila y dijo:

—Que quede una cosa clara. ¡En mi mundo, esto es un bloque!

Malgosha se lo quitó a Steve y lo colocó encima de su vara, a la vez que gritaba:

—¡Al fin! ¡El Orbe del Dominio! —Se giró hacia sus guardias piglins—: ¡Encerradlos en una jaula!

Los piglins metieron sin miramientos a Dennis y Steve en una jaula de metal, cerraron bruscamente la puerta y echaron la llave. ¡CLANG!

Malgosha, que empuñaba con orgullo la vara en cuya punta había colocado el Orbe del Dominio, reunió inmediatamente a sus generales piglins.

—¡Mañana —les dijo— expandiremos el Inframundo por el Mundo superior!

Los generales asintieron y gruñeron.

Steve susurró:

—Tenemos que detenerla, Dennis.

El lobo metió su hocico con forma de bloque por los barrotes de la jaula y le quitó a un guardia piglin el llavero que llevaba colgado al cinturón.

—Buen chico —añadió Steve en voz baja, mientras agarraba las llaves—. ¡Buen chico!

Más tarde, en cuanto Malgosha y sus generales se marcharon de la sala del trono, Steve lanzó un lingote de oro al pasillo para distraer a los guardias piglins, ya que esas criaturas parecían estar obsesionadas con ese mineral, mientras Dennis y él escapaban de la jaula. Rápidamente, se dirigieron a los aposentos de Malgosha. Steve fue capaz de colarse en la habitación mientras la hechicera piglin comía del pesebre real. ¡SHLURP! ¡SHLORP!

Mientras Malgosha engullía esa bazofia asquerosa, Steve arrancó el Orbe del Dominio de la vara. La hechicera lo oyó y levantó la vista del pesebre, de tal modo que unas gotas de esa comida repugnante le cayeron por su peluda barbilla.

—¡GUARDIAS! —chilló, lo que provocó que unos trocitos de comida vomitivas volaran por los aires.

Steve se las arregló para regresar hasta donde estaba Dennis antes de que los guardianes piglins pudieran darle alcance. Se frotó el sobaco con el Orbe del Dominio y, a continuación, lo acercó al sensible hocico del lobo.

—¡Date prisa, Dennis! —le ordenó Steve—. ¡Llévate el Orbe y la caja de cristal de Tierra! ¡Sigue mi rastro hasta el 149 de Holly Oak Drive!

Steve metió la caja y el orbe en la mochila, junto a una nota enrollada, y se la dio a Dennis. Entonces, le dijo a su amigo:

—¡Eres la última esperanza de este mundo!

—¡ARF! —ladró Dennis.

—¡No, la avenida no! —le corrigió Steve—. ¡La calle! ¡Holly Oak Drive! ¡Corre, colega! Volveremos a vernos. ¡¡¡CORRE!!!

Dennis abandonó el Inframundo atravesando de un salto el brillante portal mientras los piglins de Malgosha se abalanzaban sobre Steve en masa. El valiente lobo cruzó como una exhalación el paisaje hecho de bloques del Mundo superior hasta llegar al portal de la Tierra. Enseguida, llegó a la casa de Steve en Holly Oak Drive, en una pequeña ciudad de Idaho. Tras colarse por la puerta para perros, Dennis se dirigió a la habitación de Steve y guardó el orbe y la caja de cristal bajo la cama de agua.

Entretanto, en el Inframundo, Steve pensaba que, mientras el orbe permaneciera oculto y lejos de las manos de Malgosha, el Mundo superior estaría a salvo. Rezó para que ningún idiota lo encontrara.

Garrett Garrison «el Basurero» recorría ruidosamente y a toda pastilla una carretera comarcal de Idaho con su deportivo rojo. Era un tipo alto y musculoso, de cejas espesas, pelo largo y barba oscura. Su coche estaba un poco hecho polvo; llevaba el parachoques sujeto con cinta americana. El salpicadero se hallaba lleno de porquerías y facturas sin pagar. Pero cuando el motor hizo un ruido raro, Garrett se limitó a subir aún más la música *heavy metal* que sonaba a todo trapo por el equipo de música. Entró quemando rueda en el aparcamiento de Game Over World, su tienda de videojuegos.

Una vez dentro, Garrett pasó junto a los videojuegos, los artículos de colección, las máquinas recreativas y el letrero que decía: ¡LECCIONES SOBRE VIDEOJUEGOS! ¡50 % DE DESCUENTO! ¡APRENDE A GANAR A LO GRANDE CON EL GRAN

MAESTRO! Se detuvo un momento para coger un trofeo de videojuegos que había ganado en 1989 y lo limpió con la camiseta. En el trofeo estaban grabadas las palabras: GAMER DEL AÑO: GARRETT GARRISON «EL BASURERO». Garrett se sabía esas palabras de memoria. Ese había sido el mejor año de su vida.

Nada más entrar en su pequeño despacho, Garrett se preparó un desayuno improvisado; frio un filete con un soplete y, tras cascar unos huevos crudos, los echó a un vaso: un desayuno propio de un culturista que quiere mazarse. Se tomó unas cucharadas de proteína en polvo y se comió un paquete de galletas trituradas, pero cuando intentó beber leche para que todo eso pudiera bajarle hasta el estómago, se dio cuenta de que el cartón estaba vacío. Así que se puso a toser.

Como necesitaba mantener las manos en forma para jugar a videojuegos, Garrett hizo algunos ejercicios con un aparato que fortalecía el agarre y levantó unas pesas de dos kilos y medio con las muñecas. Acto seguido, metió los dedos en dos tazas con hielo e hizo una mueca de dolor.

Al cabo de un rato, Garrett estaba jugando con los dos paneles de mandos de una máquina recreativa llamada Hunk City Rampage; pasaba continuamente de manejar los mandos del jugador uno a manejar los del jugador dos. Al batir un récord, gritó:

—¡Decidme que lo habéis visto, chicos!

Se dirigía a tres chavales de diez años, llamados Leo, Greta y Miles, que estaban muy desconcertados. Se habían apuntado a las clases de videojuegos del excampeón, pero sus «lecciones» consistían únicamente en que sus alumnos lo vieran jugar.

—¿Por qué no nos dejas jugar? —se quejó Leo.

—El león caza solo —contestó Garrett, a la vez que movía los *joysticks* y apretaba los botones a lo loco—. Los cachorros solo obtienen las migajas y se muestran agradecidos por ello.

—Pero te hemos pagado —señaló Greta—. ¿No se supone que nos tienes que enseñar?

Garrett movía los dedos de aquí para allá a gran velocidad.

—Y eso es lo que hago. Mediante el ejemplo. Este es el Primer Gran Consejo de un Grande que os voy a dar: mis lecciones se aprenden mejor en completo silencio.

Los tres niños se miraron.

—Creo que queremos que nos devuelvas el dinero —dijo Greta.

Garrett la ignoró y siguió jugando, aunque se le estaba acalambrando la muñeca. A pesar del dolor, continuó jugando hasta vencer al fin al *big boss* del juego.

—¡Hurra! —exclamó, alzando el puño—. Si sigo jugando así, recuperaré mi título en un plis plas.

Señaló con orgullo hacia su trofeo de Gamer del Año.

Leo leyó detenidamente el texto grabado en el trofeo.

—¿1989? Pero si ese premio tiene más años que nosotros tres juntos.

—Oh, perdona —contestó Garrett sarcásticamente—. ¿En qué año te nombraron a ti campeón del mundo?

Leo no tenía una respuesta para eso. Garrett sonrió de oreja a oreja de forma triunfal.

Desde la puerta de la entrada, un repartidor preguntó:

—¿Garrett Garrison?

—Hoy no firmo autógrafos —respondió Garrett, quien supuso que ese tipo era un fan que quería obtener un autógrafo de su héroe.

El repartidor le entregó una carta y le dijo:

—Le traigo una notificación de desahucio.

CAPÍTULO TRES

Garrett sacó la notificación de desahucio del sobre, la miró y la estrujó hasta hacer una bola con ella. Miró a los tres niños.

—Se acabó la clase. Nos veremos el viernes a las cuatro.

—No, gracias —dijo Miles.

—Sí, tu método de formación no vale nada —añadió Greta.

Se rieron mientras se dirigían hacia la puerta sin ninguna intención de volver.

Garrett observó cómo se iban. Después, miró la nota de desahucio arrugada que sostenía en la mano. Se dio cuenta de que tenía que conseguir dinero de alguna manera para poder pagar el alquiler… si no quería perder la tienda.

Garrett se dirigió a un sitio donde se subastaban los objetos que había guardado en unos trasteros abandonados. Conocía al tipo que llevaba las subastas, se llamaba Daryl.

—¡Garrett el Basurero! —exclamó Daryl con un tono cantarín cuando lo vio—. ¿A qué debo el placer?

Garrett no estaba de humor para andarse con tonterías.

—¿Placer, dices? ¿Crees que vengo a estas subastas para pasármelo bien? —Se llevó a Daryl a un aparte—. Soy un inversor, Daryl. Un hombre de negocios. Necesito algo que me permita obtener pasta cuanto antes.

Daryl sonrió ampliamente.

—¡Pues estás de suerte! ¡Te va a encantar el próximo trastero! El propietario era un minero chiflado. Lleva cerrado casi una década.

—Te escucho —dijo Garrett, quien se sentía ligeramente intrigado.

Tras echar una ojeada a una lista, Daryl comentó:

—Ahí dentro hay una cama de agua. Unos cuantos picos. Unas camisas de color turquesa. En resumen, es un trastero impresionante.

—¿De verdad? —replicó burlonamente Garrett—. ¡Pues a mí me parece que es muy cutre!

—Y —continuó Daryl, que había dejado lo mejor para el final— estoy bastante seguro de que ahí hay una Atari Cosmos de 1978.

A Garrett se le pusieron los ojos como platos.

—¿Un Cosmos? Esos chismes valen una fortuna.

—Pues sí —admitió Daryl, con una sonrisa de oreja a oreja.

Garrett le dio una palmada tremenda en el hombro a Daryl.

—*Bro,* si esto que dices es verdad, me voy a plantear muy seriamente la posibilidad de dejarte que salgas de juerga conmigo.

—Oh, qué alegría —bromeó Daryl, poniendo cara de «no me puedo creer lo que estoy oyendo».

—Tú mantén la puja por debajo de los cien pavos, y todos tus sueños se harán realidad —le aseguró Garrett.

Chocó los puños con Daryl y se marchó, sintiéndose muy optimista sobre su futuro.

Unos instantes después, Daryl estaba cerrando la puja dando un golpe con su mazo de subastador.

—¡Vendido! ¡A nuestro héroe local Garrett Garrison «el Basurero» por novecientos dólares!

Los demás pujadores se dirigieron al siguiente trastero.

Garrett estaba pálido. No le hacía ninguna gracia tener que pagar novecientos dólares que ni siquiera tenía… aún.

Firmó un cheque, lo arrancó de la chequera y se lo dio a Daryl.

—Yo que tú no intentaría cobrarlo en seis meses al menos.

Daryl lo miró boquiabierto.

Garrett entró en el trastero y encontró enseguida la caja del Atari Cosmos.

—Ven con papá —dijo alegremente.

Pero cuando abrió la caja, vio que no había ninguna videoconsola dentro. Solo un montón de porquería.

—No —gruñó Garrett—. No, no, no. ¡¿Dónde estás?! Rebuscó frenéticamente entre todos los objetos que había allí dentro para ver si así daba con el Cosmos. Abrió las cajas sin miramientos y arrojó lo que contenían fuera del trastero.

Daryl se acercó corriendo.

—¡Hala! Pero ¿qué haces, tío?

Garrett se volvió hacia él lleno de furia:

—¡Aquí no hay ninguna consola de Atari!

—¡Vale, pero no puedes destrozar el trastero!

—¡Tu trastero no es el centro del universo, Daryl! —Garrett se dejó caer en una silla plegable cutre—. Es que… estoy en un buen lío. La tienda va fatal. Mis muñecas ya no son lo que eran. Estoy perdiendo alumnos a saco. Da igual cuánta proteína ingiera, los resultados son mínimos. Es que… necesito de verdad que hoy me pase algo positivo. —Se puso de pie y resopló—. ¿Quieres venir a la tienda a pasar el rato?

—¿Después de todo lo que he visto hoy? —preguntó Daryl—. No, gracias. Ya he pasado bastante tiempo rodeado de basura. —Se giró y se alejó.

Negando con la cabeza, Garrett echó un último vistazo a toda la basura que había en el trastero. Con la esperanza de dar con algo —cualquier cosa— de valor, rebuscó por todos lados; entonces, en la esquina del fondo, encontró un objeto extraño con forma de bloque. Cuando lo cogió, brilló con una luz azul tenue. Con la esperanza de que pudiera valer algo, Garrett lo metió, junto a una caja de cristal rara que también había allí, en un saco de arpillera que se echó al hombro.

Mientras volvía en su deportivo a la tienda, Garrett reflexionó sobre su patética vida. ¿Acaso las cosas podían empeorar aún más?

¡BLAM! ¡El motor del coche explotó! De debajo del capó brotó un humo negro que le impedía ver algo. Se salió de la carretera y se adentró en un campo de hierba alta.

CAPÍTULO CUATRO

Ese mismo día, una joven llamada Natalie y su hermano adolescente, Henry, se dirigían en coche a su nueva casa en Idaho. Mientras Natalie conducía, Henry dibujaba en su cuaderno un robot muy raro cuyos brazos eran unos churros de piscina.

—Chuglass tampoco era mi primera opción —le estaba diciendo Natalie a Henry—. Pero el último deseo de mamá fue que viviéramos aquí… o, al menos, así lo interpreto yo.

Henry parecía confuso.

—En fin —continuó su hermana—, aquí el alquiler es superbarato y tengo un trabajo a tiempo completo. Y ahora mismo no podemos rechazar una oportunidad como esta, la verdad.

—Sí, lo entiendo —dijo Henry.

—Te prometo que este sitio te va a encantar —le aseguró Natalie—. No es solo un pueblucho de Idaho famoso por sus patatas.

Un desconcertado Henry arrugó la frente.

—Pero es conocido por eso. —Siguió concentrado en su dibujo—. Por las patatas fritas…

—¡AAAAARGHHH!

La conversación entre Henry y Natalie se vio interrumpida por un grito de frustración que había lanzado alguien que no estaba dentro del coche. Tanto ella como Henry miraron por sus respectivas ventanillas y descubrieron que había un deportivo en la cuneta de cuyo motor salía humo. Un hombre estaba dando patadas al parachoques del vehículo. No sabían que se llamaba Garrett…, todavía.

Cuando llegaron a las afueras de Chuglass, pasaron junto a una fábrica de patatas fritas. En su parte exterior frontal, había una gran estatua de una patata frita saludando. En un letrero, se decía que esa mascota se llamaba Chuggy, la patata.

—Ahí está —dijo Natalie con orgullo—. La famosa fábrica de patatas fritas.

Mientras bajaba la ventanilla, Henry preguntó:

—¿Qué es ese olor?

—Mi futuro.

Uno instantes después, se detuvieron delante de una casa vieja: de su nuevo hogar. Dawn Runcie, una agente inmobiliaria muy enérgica, los estaba esperando en la entrada. Natalie y Henry salieron del coche; estaban agarrotados después de un viaje tan largo.

—¡Hola, Dawn! —exclamó Natalie—. Es un placer conocerte al fin.

—¡Hola, Natalie! —saludó Dawn—. ¡Esto es para vosotros!

La agente inmobiliaria le dio una cesta de regalo llena de patatas fritas.

—Oh, vaya —dijo Natalie, intentando dar la sensación de estar impresionada.

—A la gente le encanta trabajar en la fábrica de patatas fritas —afirmó Dawn.

—Sí, me voy a encargar de la gestión de sus cuentas en las redes sociales —le explicó Natalie—. Prometí que conseguiría que su número de seguidores fuera más de setenta y cinco.

—Estupendo —dijo Dawn, a la vez que asentía—. Cuida bien de tu cutis. Todos lo que trabajan ahí parecen tener unos brotes de acné muy agresivos. —Le sonrió a Henry   : ¿Qué tal estás, Henry? Yo soy Dawn.

—Hola —respondió Henry, quien se dio cuenta de que unos animales asomaban la cabeza por las ventanillas del coche de Dawn, el cual tenía en una puerta una pegatina en la que podía leerse zoo sobre ruedas—. ¿Y esas alpacas? —preguntó Henry.

—Bueno, no me dedico únicamente al sector inmobiliario —le explicó Dawn—. También me ganó la vida con un zoo móvil. ¡Escuchad esta nueva canción publicitaria en la que he estado trabajando!

La canción sonó en su móvil, mientras ella movía la cabeza rítmicamente y cantaba, hasta que se dio cuenta de qué hora era.

—¡Oh, tengo que irme a toda pastilla! ¡El zoo móvil debe llegar a tiempo! Madison solo va a cumplir diez años una vez en la vida. ¡Llamadme si necesitáis algo!

—Gracias —contestó Natalie.

Dawn cogió de la mano a Natalie y le dijo en voz baja:

—Oye, siento mucho lo de vuestra madre. Lo que estás haciendo es algo muy valiente. Espero que seas consciente de ello.

Henry estaba desempaquetando cajas en su nuevo dormitorio; colocaba aquí y allá unos libros y unas fotografías enmarcadas, para intentar darle su toque personal a la habitación. Puso en una balda una foto en la que podía verse a Natalie, a su madre y a él mismo. Por un momento, contempló detenidamente la fotografía y echó de menos a su madre.

Sintiéndose triste, cogió el cuaderno en el que dibujaba y anotaba sus ideas. Mantener la mente ocupada siempre le ayudaba a dar la espalda a la tristeza. Mientras hojeaba las páginas, oyó un fuerte ruido que procedía de la planta baja. ¡CLANK!

—¡Henry! —gritó Natalie—. ¡Me vendría bien algo de ayuda aquí abajo!

Al llegar a la página donde había dibujado el boceto del robot en el coche, Henry tuvo una idea. Rebuscó entre las cajas que había en el pasillo y sacó unos secadores de pelo, unos churros de piscina, una cafetera, unos cables y unas pilas.

Mientras, en la cocina, Natalie sacó de una caja una jarra hecha a mano con forma de cerdo. Sonriendo, la colocó con cuidado sobre la encimera. Entonces, dijo a voz en grito:

—¡Oye! ¡No voy a desembalar todo lo de la cocina yo sola! ¡Ven aquí YA!

Pero quien entró en la cocina no fue Henry, sino un robot de aspecto extraño, cuya base era una aspiradora y cuyos motores eran unos secadores de pelo que lo impulsaban hacia delante. Tenía una cafetera por cabeza y unos churros de piscina por brazos. Las diferentes partes de ese artilugio parecían estar unidas con unos cables rojos.

—Hola, Natalie —saludó el robot con un tono agudo y monótono—. ¡He oído hablar mucho-mucho-mucho-mucho-mucho de ti!

Unas cuantas chispas salieron volando del robot. Henry lo siguió hasta la cocina.

—Henry, ¿qué es esto? —preguntó Natalie.

—Es nuestro nuevo Robocolegui —le explicó él—. Podrá ayudarnos con las tareas de la casa.

—Tómate un café mientras paso la aspiradora —le sugirió el robot con una voz chirriante— ¡para que puedas re-re-re-relajarte!

Surgieron más chispas del cuello del robot. Natalie frunció el ceño.

—No le pasa nada —le aseguró Henry—. No te preocupes por él.

—Mañana es un día muy importante para mí, y esto no me ayuda en nada —se quejó Natalie.

—Lo siento —se disculpó Henry—. Solo intentaba divertirme un poco.

—Lo sé —dijo Natalie, quien intentaba ser paciente con su hermano pequeño—. Es que siempre que te diviertes un poco, lo fastidias todo. ¿No puedes intentar portarte de un modo un poco más... normal?

—Soy normal —contestó Henry, ofendido.

Unas chispas volvieron a brotar del Robocolegui. Al girarse, el robot golpeó con los churros de piscina que tenía por brazos el jarrón con forma de gorrino, que se cayó de la encimera. ¡CATACROC!

Una horrorizada Natalie se quedó mirando los trozos esparcidos por el suelo.

—¡Henry! ¡Mamá hizo ese jarrón para mí!

—Oh, Dios mío —dijo un Henry igual de horrorizado que su hermana—. Lo siento muchísimo…

—¡Oh, oh! —exclamó con una voz chirriante el robot—. ¡Soy un d-d-d-desastre como compañero de piso!

Natalie se puso a recoger los fragmentos rotos del cerdo.

—Yo no soy como mamá, que pensaba que tus inventos eran muy cuquis. ¡Así que madura de una vez!

CAPÍTULO CINCO

A la mañana siguiente, cuando Henry entró en la cocina, Natalie estaba sacando una bandeja del horno.

—Hola —saludó con un tono calmado—. Anoche se me fue la olla. Es que estoy muy estresada.

—No pasa nada —contestó Henry.

—Mira —dijo Natalie, sosteniendo en alto la bandeja—. Te he hecho la famosa *pizza* de patatas que mamá preparaba para desayunar. Para que puedas compartir algunas porciones en tu primer día.

Henry se sintió confuso.

—Creía que querías que me hiciera pasar por alguien «normal». ¿Y ahora quieres que soborne a la gente con unas porciones de *pizza*?

—Y —continuó Natalie de manera entusiasta, ignorando así la pregunta que le había hecho su hermano— he investigado un poco por Internet. Aquí dan mucha importancia a la colonia que usan los jovencitos. —Le dio un frasco—. Así que te he comprado una.

Henry leyó la etiqueta.

—Velvet Mischief

—Será mejor que aprietes el botón y, cuando esté flotando en el aire la nube de colonia, te adentres en ella —le explicó su hermana—. No te la eches directamente. Es muy fuerte.

Henry cogió su mochila.

—Oye —dijo Natalie—, te quiero.

—Yo también —respondió Henry, apretando el botón del frasco de Velvet Mischief y adentrándose en la nube de colonia mientras salía.

Natalie agitó una mano en el aire.

—Uf. Sí que es fuerte, sí.

Mientras iba de camino a la escuela, con la *pizza* colocada cuidadosamente sobre el manillar de la bici, Henry se fijó en la tienda de videojuegos de Game Over World. ¡Sí, en ese sitio sí que se sentiría como en casa! Como al consultar su reloj vio que le sobraban unos cuantos minutos, entró en ella, llevando consigo la *pizza* de patatas.

Contempló todos los videojuegos y artículos coleccionables. Entonces, reparó en un bloque que estaba sobre un cofre. Como se sintió extrañamente atraído por el curioso objeto, estiró un brazo hacia él y...

—¡Eh! —bramó Garrett—. ¡Aún no he abierto!

Todavía estaba revisando las cajas del trastero.

—Perdone —se disculpó Henry—. Su tienda mola mucho.

—Lo sé —dijo Garrett con chulería—. ¿Buscas algo en particular?

Henry negó con la cabeza.

—No, solo echaba un vistazo.

—Una respuesta evasiva —observó Garrett—. Tienes la típica mentalidad de un perdedor. Pero puedo ayudarte con eso. —Le dio a Henry un folleto donde podía leerse *Nuevo curso de Garrett Garrison «el Basurero»: ¡tira tu antigua vida y a ganar!*—. Voy a empezar a dar un curso para gente que quiere ganar en el juego de la vida. A cincuenta pavos la hora.

—Mola —contestó un indeciso Henry, mientras leía el folleto—. ¿Y cómo se «gana» realmente en la vida?

Garrett sonrió.

—Buen intento. Esa es, literalmente, la respuesta por la que te cobro. —En ese instante, se dio cuenta de que Henry sostenía una bandeja—. ¿Quién desayuna *pizza*?

—Oh, la ha hecho mi hermana —le explicó Henry—. Se supone que debo compartir algunas porciones en el insti para hacer amigos.

Garrett puso mala cara.

—Ay. —Acto seguido, le olisqueó—. Acabo de darme cuenta de que te has echado Velvet Mischief. Es una gran colonia, y creo firmemente que todo joven debería tener su propio aroma. Pero quizá no sea la más adecuada para ti.

Henry giró la cabeza hacia su hombro y se olió.

—Creo que no me he echado mucho.

—Eso dice todo el mundo —replicó Garrett—. Escucha, te voy a dar gratis un Consejo de un Grande: la amistad es como un rompecabezas. A veces, uno cree que necesita tener más piezas para molar. Y otras veces con una sola pieza ya mola, pero hay gente que dirá: «Eso no es un rompecabezas. Solo una imagen sin más». Y sí, también tienen derecho a dar su opinión. —Se sentó en el borde de su escritorio—. ¿Alguna pregunta?

—Sí —contestó un perplejo Henry—. Tengo unas cuantas.

—A lo que voy —dijo Garrett— es que en un equipo... dos no ganan si no van juntos.

—Vale —respondió Henry, a la vez que metía el folleto en la mochila—. Bueno, tengo que ir al insti.

—Vale, empollón —aceptó Garrett—. Pero fíate de mí: mejor deja esa *pizza* aquí.

Una de las primeras clases que tuvo Henry fue la de plástica, que impartía el señor Gunchie, quien vestía unos pantalones cortos y una camiseta de cuello alto y llevaba un silbato al cuello.

—Muy bien, chicos —anunció el señor Gunchie después de que sonara la campana—, saludemos todos a Henry. Es su primer día en un instituto nuevo. Así que a la de una, a la de dos y a la de tres: «Hola, Henry».

Ninguno de los estudiantes dijo nada. Un par de ellos tosieron.

—Hola —dijo Henry, mientras buscaba un asiento.

—Muy bien, soy el señor Gunchie —continuó el profesor—. Para aquellos que no me conozcáis, doy gimnasia, pero ahora, gracias a los recortes presupuestarios, también doy plástica. —Se volvió hacia el estudiante nuevo—: Muy bien, para empezar, vas a afrontar un gran desafío, Henry. Hoy vamos a dibujar un bodegón. —Dejó caer dos piezas de fruta en un plato—. Una naranja y un plátano. ¡A por ello, chicos!

Entonces, sopló su silbato. ¡TUIIIT!

Los estudiantes comenzaron a dibujar. Henry se puso manos a la obra e hizo unos bocetos frenéticamente. El señor Gunchie deambuló de un lado a otro del aula. Después de un rato, lanzó un pitido corto con su silbato. ¡TUIIIT!

—Vale, mirada al frente. —Cogió el dibujo de un chaval llamado Trevor y lo sostuvo en alto para que todos pudieran verlo—. Echad todos un vistazo a esto. Es increíble. Es como si pudiera palparlas. Trevor, ¿qué tono dirías que has usado más para colorear la naranja?

Trevor se encogió de hombros.

—Pues un naranja básico, supongo.

—No os desaniméis, chavales —dijo el señor Gunchie—. No todos podemos ser como Trevor. Sería un error intentarlo.

Le lanzó la naranja a Trevor. A continuación, siguió deambulando por el aula mientras examinaba los dibujos de los alumnos.

Cuando llegó hasta donde estaba Henry, se detuvo.

—Oh, oh —dijo el señor Gunchie, dibujando una T con las manos—. Tiempo muerto, tiempo muerto. —Agarró el cuaderno de Henry y le mostró su dibujo a la clase. Era un plátano que llevaba a la espalda una mochila cohete dibujada con todo detalle—. Esto no es lo que os había pedido —le espetó el señor Gunchie a Henry de forma acusadora—. ¿No sabes lo que es un bodegón? Cuando dibujas un bodegón, solo debes dibujar lo que ves.

—Es que se me ha ocurrido una idea y me he dejado llevar —contestó un entusiasmado Henry—. Es una mochila cohete en cuyo diseño he estado trabajando…

—No es muy realista, ¿verdad? —le interrumpió el señor Gunchie, al mismo tiempo que cerraba de golpe el cuaderno de Henry.

—Tampoco lo era la obra de Dalí —respondió Henry, refiriéndose al pintor surrealista Salvador Dalí. Daba por supuesto que cualquier profesor de plástica sabría quién era.

Pero se equivocaba.

—Bueno, fui a Dollywood en mi luna de miel —dijo el señor Gunchie, mientras recordaba con agrado su viaje al parque temático de Dolly Parton—, y no recuerdo haber visto ahí ningún plátano volador. Intentémoslo de nuevo. Dio varios pitidos cortos con su silbato. ¡TUIIT! ¡TUIIT! ¡TUIIT! Después, le lanzó a Henry una goma de borrar rosa y volvió a su escritorio, que estaba situado en la parte frontal del aula.

Trevor se inclinó hacia Henry:

—Esa mochila propulsora nunca llegaría a funcionar.

—Bueno, si calculas bien el empuje respecto a la masa, no hay ninguna posibilidad de error, la verdad —insistió Henry—. Es pura matemática.

Un amigo de Trevor se inclinó hacia ellos.

—Mi padre dice que se ha demostrado que las matemáticas se equivocan.

—Toma ya. El nuevo se cree ingeniero espacial —se burló Trevor.

Henry no comprendía cómo eso podía ser un insulto.

—A mí me encantaría serlo.

—Vale —dijo Trevor—. Pues demuéstralo.

A Henry le brillaron los ojos.

CAPÍTULO SEIS

Más tarde, ese mismo día, el señor Gunchie, Trevor y algunos otros estudiantes se reunieron alrededor de Henry en el campo de fútbol americano. Le estaba colocando la mochila propulsora; la había construido en secreto en la clase de ciencias, a un esqueleto que había tomado prestado del laboratorio.

Mientras Henry revisaba los cálculos que había anotado en el cuaderno, uno de los amigos de Trevor le cortó un cable a la mochila propulsora sin que nadie le viera.

—Muy bien —dijo Henry, satisfecho al fin con sus últimos cálculos—. Haz la cuenta atrás, Trevor.

—Cinco…, cuatro…, tres… —cantaron a coro Trevor y los demás estudiantes.

¡FUOOOOSS! El esqueleto despegó antes de tiempo. Se perdió en la lejanía, trazando espirales en el aire, ¡y se dirigió directamente a la fábrica de Patatas Fritas!

Tanto el resto de los chavales como el señor Gunchie se largaron a toda velocidad.

—Nunca he estado aquí, ¿vale? —gritó el señor Gunchie a la vez que corría.

Pero Henry se quedó ahí quieto, incapaz de apartar la mirada.

¡BUUM! El esqueleto impulsado por la mochila propulsora se estrelló contra una chimenea, que cayó sobre la estatua de Chuggy, la patata. La chimenea y la querida mascota cayeron al río que discurría por debajo de la fábrica. ¡SPLAAAAASH!

De inmediato, Henry tuvo que presentarse en el despacho de la subdirectora, que le dijo:

—La buena noticia es que nadie ha muerto. La mala es que has interrumpido la cadena de suministro de patatas fritas en todo Estados Unidos.

—Lo siento muchísimo —se disculpó Henry—. Ha sido un accidente.

—Esto podría ser motivo de expulsión, Henry —le advirtió la subdirectora—. Tienes que llamar a tu tutor legal.

Henry salió al pasillo al que daba el despacho de la subdirectora y buscó el número de Natalie en su móvil. Se quedó mirándolo un segundo, ya que sabía que se iba a enfadar. Así que decidió llamar a otro número…

—Game Over World —respondió Garrett.

—Esto, ¿señor Basurero? —dijo Henry en voz baja, mientras miraba a su alrededor para asegurarse de que nadie le estaba escuchando—. Soy Henry. El chaval de esta mañana, el de la *pizza* de patatas.

—Ahhhh, vale —contestó Garrett al acordarse de él—. Mira, de sabor estaba bien, pero cuando cubres las patatas de esa manera, se quedan blandurrias...

—Perdone —le interrumpió Henry, quien no quería andarse con rodeos—. Esto, hummm, tengo que pedirle un favor un poco raro. ¿Puede venir al insti y hacerse pasar por mi tío?

—¿Qué? —dijo un sorprendido Garrett—. Ni soñarlo, tío.

Henry rebuscó en sus bolsillos.

—Tengo... veintiséis pavos.

Instantes después, el coche de Garrett ascendía ruidosamente hacia la escuela. La subdirectora estaba esperándole en la calle con Henry.

Garrett bajó del coche de un salto y dijo:

—Hola. Soy el tío de Henry.

—¿Tú? —preguntó la subdirectora—. ¿El de la Basura?

—El Basurero —la corrigió Garrett, mostrándole su sonrisa más encantadora.

Y ella se lo creyó.

Garrett llevó a Henry al Game Over World.

—Bueno, ¿de qué va esta movida, chaval? —le preguntó Garrett al entrar en la tienda.

—Bueno, ¿se ha enterado de lo que ha pasado hoy en la fábrica de patatas fritas? —le preguntó Henry.

Garrett asintió. La noticia había corrido como la pólvora por todo el pueblo.

—Pues todo es culpa mía —admitió Henry.

—Vaya, así que ha sido cosa tuya, ¿eh? —preguntó Garrett—. ¿Te van a enviar a un reformatorio o algo así?

El Basurero daba por supuesto que cualquiera que hubiera derribado la estatua de la mascota del pueblo estaba destinado a acabar en un centro de detención para menores.

Henry se sentía fatal.

—No lo sé. No sé qué va a pasar. Pero es probable que mi hermana pierda su trabajo por mi culpa.

Henry abrió su mochila. El folleto que Garrett le había dado antes se había quedado metido entre las páginas de su cuaderno. Cuando lo sacó, el cuaderno se abrió, de tal modo que uno de sus dibujos quedó a la vista. Picado por la curiosidad, Garrett lo cogió y lo hojeó.

—Pues no está nada mal, chaval —comentó, impresionado por los dibujos de Henry—. Este sería el primer plátano que viaja al espacio, ¿eh? Sí, me mola. A lo mejor ya no soy el único tío con talento que hay en Chuglass.

—Bueno —dijo Henry—, debe de ser el único que piensa eso.

Le quitó el cuaderno a Garrett de las manos, lo cerró de golpe y lo tiró a la basura.

Garrett puso cara de contrariedad. El chaval estaba teniendo un día muy malo.

Pero entonces, algo en la tienda llamó la atención de Henry: un bloque que se encontraba dentro un saco de arpillera.

¡Y que estaba brillando!

CAPÍTULO SIETE

—¡Hala! —dijo Henry mientras se aproximaba al saco—. ¿Qué es esto?

Garrett se giró para ver a qué se refería.

—No tengo ni idea —admitió—. Seguramente es alguna tontería *new age*. Lo vendería por nueve con cincuenta.

Henry abrió el saco. El bloque, que estaba junto a la caja de cristal, brilló con más intensidad aún.

—Me pregunto qué hará —murmuró.

La luz azul del bloque comenzó a parpadear al compás de los latidos del corazón de Henry, quien contemplaba hipnotizado el objeto. Al fin, levantó el bloque. Debajo de él, vio una hoja amarillenta en la que habían escrito algo.

—Espere, tiene unas instrucciones —señaló Henry—. «En ninguna circunstancia se debe combinar el Orbe con la caja del Cristal de Tierra».

Garrett, que se sentía fascinado por el bloque reluciente, se le acercó por detrás.

—Te voy a dar otro Consejo de un Grande. Y este gratis —dijo—. ¡Los triunfadores nunca siguen las instrucciones!

Un nervioso Henry tomó aire y metió el orbe en la caja de cristal. ¡SHUUUUM! Una vez combinados, el orbe y la caja lo empujaron hacia la puerta.

—¡Me da que quiere ir a algún sitio! —exclamó.

Garrett le dio la vuelta a la hoja y vio que había algo más escrito.

—Espera —dijo—. No lo has leído todo. «¡No sigas a este orbe! Aunque tengas un negocio, te vaya mal y necesites dinero rápido. Aquí hay grandes tesoros.»

Miró a Henry, y este pudo ver que le brillaban los ojos.

¡Ahí abajo había muchos tesoros! ¡Sí, podría salvar su tienda!

Henry hizo un gesto de negación con la cabeza.

—No puedo, tío. Natalie me matará. Ya le he causado bastantes problemas como para toda una vida.

El orbe, que todavía parpadeaba emitiendo una luz azul, se estremeció dentro de la caja de cristal.

La agente inmobiliaria Dawn, que llevaba en su coche a unos cuantos de los animales de su minizoo, se detuvo en la entrada de la casa de Natalie y Henry. Había acudido allí en respuesta a la llamada que le había hecho una desesperada Natalie.

—¡Lo siento! —exclamó Natalie, quien salió corriendo por la puerta principal—. Pero lo he intentado todo y no sabía a quién más llamar.

—¡No pasa nada! —le aseguró Dawn—. ¿Qué ocurre?

—Que no consigo localizar a Henry. He ido a buscarle al insti. Le he llamado al móvil un millón de veces. Debería haber llegado a casa hace horas.

—Seguirá detenido por volar por los aires a Chuggy, la patata.

—¡¿Qué?! —gritó Natalie—. ¿Eso ha sido cosa suya?

—Dame tu móvil —le ordenó Dawn.

—Oh, Dios mío —dijo Natalie, a la vez que le entregaba a Dawn el móvil—. No me lo puedo creer. Solo llevamos aquí un día y Henry ya se ha convertido en la persona más odiada del pueblo.

Dawn usó el programa de Encuentra Mi Móvil del móvil de Natalie para localizar a Henry.

—Ya lo tengo. Está bien. Solo está jugando en una mina abandonada.

—¡¿QUÉ?!

Dawn se dirigió a su coche.

—Sube. Yo conduciré. —Le dio a Natalie una bolsa y señaló con la cabeza hacia una llama que estaba en el asiento de atrás—. Toma…, así podrás dar de comer a Mr. Scribbles algunas de estas zanahorias pochas. Yo que tú lo haría ya si quieres conservar esa cara bonita.

—Si quieres, conduzco yo. No me importa, de veras —dijo Natalie.

El bloque parpadeante había llevado a Henry y Garrett hasta la mina abandonada que Steve había descubierto años atrás. Un letrero oxidado rezaba así: ¡PELIGRO! ¡PROHIBIDO EL ACCESO!

—Olvídalo —dijo Henry cuando vio el letrero—. Vayamos a casa.

—Ahora no podemos darnos la vuelta —insistió Garrett—. Ya hemos ido muy lejos.

—Pero si solo llevamos unos siete minutos con esto —señaló Henry.

—Atrás, Hank —le ordenó Garrett, y cogió una cadena oxidada que había en la puerta e intentó romperla.

Mientras tiraba de ella con fuerza y gruñía, Henry abrió el cerrojo de la puerta y la cruzó.

—Muy bien, Hank —dijo Garrett, intentando disimular su ineptitud—. Has superado la prueba que te había preparado hace tiempo.

Entraron en la sombría mina. El bloque brillante les iluminaba el camino mientras dejaban atrás unas estructuras de madera que se habían derrumbado.

—¡Mira! —exclamó Henry, señalando hacia delante.

En el fondo del túnel de la mina, el marco de un portal místico despedía una luz azul en la oscuridad. A medida que se aproximaban al portal reluciente, el bloque que llevaba Henry en la mano brillaba con más intensidad.

—Me da que mi tesoro me está esperando —dijo Garrett lentamente; estaba alucinando con el portal.

—¡Henry! ¡¿Qué estás haciendo aquí?! —gritó Natalie, mientras se acercaba a ellos con Dawn.

Henry y Garrett se sobresaltaron. Natalie señaló con el pulgar a Garrett:

—¿Quién es este tío?

—Es mi mentor —respondió Henry tartamudeando, ya que aún se estaba recuperando del susto.

—Hola —dijo Garrett, al mismo tiempo que sonreía y levantaba una mano—. Soy Garrett el Basurero.

—Disculpa, ¿qué? —preguntó Natalie.

—¡Eh, chicos! —chilló Henry.

¡El bloque lo estaba arrastrando hacia el portal!

Garrett agarró a Henry, pero el bloque tiraba con tanta fuerza del chico que ni siquiera un tipo tan grande como él podía evitar que lo arrastrara. Natalie sujetó a Garrett, y

Dawn agarró a Natalie, pero Henry seguía siendo arrastrado hacia la abertura.

—¡Henry! —exclamó Natalie—. ¡Suelta esa cosa!

Henry miró el bloque. Sí, claro que podía soltarlo. Podía optar por la opción más segura. Por hacer lo normal.

Pero no lo hizo.

En vez de eso, Henry cerró los ojos y dejó que el portal lo arrastrara hasta su interior, junto a Garrett, Natalie y Dawn.

CAPÍTULO OCHO

¡SUUOOMP! ¡UUUMP!

Henry salió disparado por el otro extremo del portal y cayó rodando por la hierba del Mundo superior. Soltó el orbe y la caja de cristal, que aterrizaron sobre el suelo. En cuanto se detuvo y se quedó allí tumbado, Henry notó el roce de la hierba entre los dedos. Sin duda, notaba algo raro; no era como la hierba de su casa. ¿Acaso podían ser... cuadradas? Se incorporó y contempló el extraño paisaje hecho de bloques que lo rodeaba.

¡UUUMP! ¡UUUMP! ¡UUUMP!

Garrett, Natalie y Dawn salieron volando del portal y aterrizaron sobre Henry, formando así una gran montonera. Entre gruñidos, se desenredaron, se pusieron en pie y observaron detenidamente el lugar donde se hallaban.

Era un sitio alucinante.

Todo parecía ser cúbico. Las montañas parecían unas escaleras. Unas nubes compactas flotaban por encima de ellas. Un sol cuadrado brillaba en el cielo.

Al recorrer con la mirada aquel paisaje hasta llegar al horizonte, pudieron ver en la lejanía unos desiertos, unas junglas, unas tundras, unas llanuras y un océano. Nada de aquello parecía ser normal.

—Ya no estamos en Idaho —masculló un asombrado Garrett.

Natalie sacudió la cabeza y se frotó los ojos; se negaba a creer que lo que estaban viendo fuera real.

—Creo que estamos experimentando una ilusión compartida. Una locura grupal. Los franceses lo llaman *folie à deux*.

Garrett resopló:

—Los franceses siempre tienen alguna palabra estúpida para todo.

—A eso se le llama lenguaje —señaló Dawn—. Por cierto, ¿quién has dicho que eras?

—Garrett Garrison, «el Basurero». El Gamer del Año 1989.

Henry cogió el bloque del suelo. Este parpadeó en su mano y volvió tirar de él.

—Garrett —dijo—, este orbe aún quiere ir a alguna parte. Tira de mí para que vaya hacia esa cosa rara de color rosa de ahí.

Garrett se giró para ver a qué se refería Henry. Cuando vio una oveja rosa, su instinto de *gamer* entró en acción.

—Hummm, es una bestia local —dijo como si supiera de qué hablaba—. Si esto es lo que creo que es, ella nos encargará nuestra primera misión. —Sonrió de oreja a oreja—. ¡Hank, vamos a ser ricos muy pronto! Deja que hable yo.

Henry y Garrett fueron corriendo hacia la oveja rosa, empujados por el orbe parpadeante.

—¡Henry! —le gritó Natalie a su hermano—. ¡Vuelve aquí!

Dawn y ella siguieron a toda prisa a los dos cazatesoros.

En lo más hondo del tenebroso Inframundo, los piglins transformaban el oro en armaduras y armas. Lo único que se permitía fabricar ahí eran instrumentos para la guerra y la destrucción. O para la gloria y el honor de su lideresa.

Malgosha sonreía de forma perturbadora mientras observaba cómo la parte superior de su vara centelleaba al cobrar vida de nuevo.

—¡El Orbe del Dominio! —exclamó entre dientes, con una mirada en la que ardían las llamas del deseo—. ¡Ha regresado!

Recordó cómo le habían robado el Orbe hacía tantos años. Y quién se lo había robado…

Flanqueada por dos guardias, Malgosha se dirigió directamente a la mazmorra en la que Steve aún seguía encerrado. Estaba muy sucio, tenía la barba larga y enmarañada y las manos encadenadas a la pared de roca. A pesar de ello, estaba tallando una estatua de la hechicera piglin. En cuanto la vio, soltó el cincel.

—¡Malgosha! ¡Mi señora! —gritó—. Me embarga la emoción al verla aquí. ¿Quiere que le dé una buena nueva? ¿Bajo la forma de una canción que he compuesto en su honor? —Se puso a tararear.

Malgosha golpeó el suelo de piedra con la parte inferior de su vara.

¡BAMMMM!

—Voy a tomarme eso como un no —dijo Steve.

—¡El Orbe ha regresado! —anunció la hechicera.

A Steve se le pusieron los ojos como platos.

—No puede ser. ¿Lo ha traído Dennis?

—¡Con el poder del Orbe, apagaré el sol y destruiré el Mundo superior de una vez por todas! —Estalló en carcajadas—. Tú me robaste el Orbe —añadió, apuntando con la vara al pecho de Steve—, y ahora vas a recuperarlo.

Aunque tenía las manos encadenadas a la pared, Steve hizo una reverencia de la mejor manera posible.

—¡Sería un honor para mí, mi señora!

—Te vamos a soltar ahora mismo —continuó Malgosha, mientras hacía un gesto con la cabeza a sus guardias—. No hagas ninguna tontería.

—No, claro que no —replicó Steve.

Pero en cuanto los piglins le soltaron, Steve le quitó una espada a un guardia y apuntó con ella a Malgosha en la garganta, mientras gritaba:

—¡ATAQUE SORPRESA!

Riéndose, Malgosha sostuvo en alto el collar de Dennis.

—Adelante —le retó—. Acaba conmigo, y mis piglins devorarán a tu perrito.

—¿A Dennis? —preguntó Steve—. ¿Dónde está? ¿Cómo sé que me estás contando la verdad?

—No puedes saberlo —contestó Malgosha—. Y solo podrás averiguarlo de una manera. Tráeme el Orbe… y le perdonaré la vida a tu perrito.

CAPÍTULO NUEVE

Garrett, Henry, Natalie y Dawn se reunieron en torno a la oveja rosa, que los ignoraba mientras pastaba alegremente.

Garrett se acercó a ella y le habló lentamente:

—*Hello...* sabia dadora de misiones. Somos unos humildes buscadores de oro. Danos una misión que nos lleve hasta... vuestro tesoro.

La oveja rosa siguió pastando.

—Basurero —dijo Dawn—, yo trabajo con animales y he de decirte que esa bestia no entiende ni una palabra de lo que le estás diciendo.

Natalie apuntó hacia al cubo que Henry sostenía en las manos.

—¿Qué es esa cosa? ¿Por qué la estamos siguiendo?

—Porque nos va a llevar hasta un tesoro —le explicó Henry.

—¿De verdad os creéis lo que estáis diciendo? —preguntó Natalie.

—Eh, sí —afirmó Garrett con mucha seguridad—. ¡Hank tiene la brújula que nos llevará al tesoro! Estamos a punto de ser muchimillonarios. —El muy codicioso se frotó las manos con fuerza.

—Así no se resuelven los problemas en la vida real —señaló Natalie—. Con cubos mágicos, seguro que no. —Echó a andar y afirmó con rotundidad—: Venga, Henry. Nos vamos.

—Sí —asintió Dawn, mientras la seguía—. Tengo que volver a casa para preparar una tabla de quesos para una fiesta de cumpleaños.

De repente, el día dio paso a la noche. Una luna cúbica reemplazó al sol en el cielo. Un lobo aulló. ¡AUUUUU!

—Genial —dijo Natalie—. Ahora es de noche.

—¿No os ha dado la sensación de que ha anochecido muy rápido? —preguntó Dawn.

Al aullido del lobo enseguida lo siguieron otros ruidos perturbadores: gorgoteos, siseos, gruñidos y gemidos. Parecían proceder del oscuro bosque cercano. La oveja rosa huyó asustada.

—Chicos —preguntó un nervioso Henry—, ¿qué está pasando?

Unas siluetas se movían en la oscuridad.

—Muy bien, que nadie pierda la calma —dijo Garrett—. Os voy a dar gratis un Consejo de un Grande: el miedo es la debilidad que secuestra la cabina de mando de tu cuerpo.

Y cuando eso ocurre..., puedes decir *bye bye* al sistema de tu cuerpo.

—¿Qué? —preguntó Natalie, a quien el consejo de Garrett había dejado totalmente confusa.

¡Unos esqueletos salieron súbitamente del bosque! ¡Iban armados con arcos y lanzaban flechas mientras avanzaban! Henry, Natalie y Dawn gritaron. Garrett echó a correr. Los demás corrieron en una dirección distinta; se dirigieron hacia una arboleda.

Bajo la mirada de Malgosha, los guardias piglins escoltaron a Steve hasta el portal que llevaba del Inframundo al Mundo superior. El portal estaba envuelto una energía brillante de un color púrpura pálido.

—¡Localiza el Orbe! —le ordenó Malgosha—. Tienes tres ciclos de caca para completar esta tarea.

Steve puso mala cara:

—Creo que quieres decir que tengo tres días. —Negando con la cabeza, se encaminó hacia el portal—. Dios, qué asco dais, chicos.

Garrett continuó corriendo, mientras las flechas zumbaban por encima de su cabeza. Al mirar hacia delante, descubrió otra horda de esqueletos, que inmediatamente le persiguieron.

—¡AAAAHHH! —gritó Garrett.

Como no veía adónde iba, Garrett cayó en un agujero hondo. ¡GUUMPF! Una nube de tierra subió del foso.

En el fondo del agujero, Garrett hizo una mueca de dolor; había caído sentado sobre un pico. Cuando alzó la vista, se topó con que unos esqueletos le observaban desde el borde del agujero, al mismo tiempo que colocaban unas flechas en sus arcos.

—¡Ay, no! —gruñó Garrett.

Por pura desesperación, golpeó con el pico la pared de tierra que tenía delante de él. ¡Y, al instante, unos bloques de tierra desaparecieron! Sin entender en verdad cómo esto era posible, Garrett golpeó con el pico una y otra vez, hasta abrir así un túnel en horizontal que lo alejó del agujero antes de que cayera una lluvia de flechas sobre él.

Al mismo tiempo, Henry, Natalie y Dawn atravesaron a la carrera el bosque. Los esqueletos de cabeza cúbica que iban montados sobre unos jinetes de arañas estaban estrechando el cerco en torno a ellos desde todas partes.

—¡Corred! —chilló Natalie.

Los jinetes de arañas dispararon sus flechas, pero en vez de acertar en sus objetivos, se alcanzaron mutuamente por pura casualidad. Entonces, empezaron a luchar entre ellos. En medio de la confusión, Henry, Natalie y Dawn se escaparon y llegaron a un claro. Henry miró hacia atrás para comprobar si aún los estaban persiguiendo. Cuando se volvió para ver hacia dónde iba, se estampó directamente contra un árbol. ¡ZAS! El orbe y la caja de cristal salieron volando de su mochila y aterrizaron sobre un montón de hojas.

Natalie corrió hacia Henry.

—Eh, ¿estás bien?

Henry tenía la mirada clavada en el árbol contra el que se había chocado. ¡La parte del tronco contra la que se había estrellado había desaparecido! La mitad superior del árbol estaba flotando, sin que nada la soportara en el aire. Metió la mano en el espacio que había entre el tocón y la mitad superior y la movió. Eso parecía… ¡imposible!

—Hala… —dijo Henry.

Natalie también estaba mirando el árbol fijamente.

—Esto no puede estar pasando. Los árboles no flotan.

—Los árboles de nuestro mundo no flotan —le corrigió un pensativo Henry, y palpó el árbol.

Entonces, le dio un puñetazo al tronco. Otro trozo cúbico salió volando. Fascinado, volvió a lanzar un puñetazo.

Oyeron unos gorgoteos. Todos se giraron para ver de dónde procedían.

—Chicos —dijo Dawn—, nos enfrentamos a una plaga zombi.

CAPÍTULO DIEZ

Los zombis avanzaban torpemente hacia ellos. Por suerte, eran unas criaturas lentas.

Henry cogió un trozo cúbico. De forma instintiva, se puede decir que lo medio lanzó y lo medio colocó al mismo tiempo. ¡Al hacer esto, se expandió hasta ser un gran bloque de madera! Arrojó más cubos, y todos se transformaron en bloques de madera.

—¡Henry —le espetó una impaciente Natalie—, ahora mismo no podemos perder el tiempo jugando con unos bloques! ¡Estamos a punto de morir!

Henry construyó una pared con varios bloques y, a continuación, le dio una patada. Resistió el golpe. ¡La pared era sólida!

—Nat, creo que puedo ayudar —dijo Henry—. Simplemente, déjame hacerlo.

—¡Vale! —exclamó Natalie, a quien la pared que Henry acababa de construir había dejado asombrada.

Entonces, al ver cómo los zombis continuaban avanzando tambaleantes hacia ellos, añadió:

—¡Tú hazlo! ¡Hazlo! ¡Hazlo!

Henry se puso manos a la obra; a base de golpes, extrajo cubos de los árboles que transformó en bloques y, con ellos, construyó una estructura en la que pudieron refugiarse. La estructura fue expandiéndose con rapidez. ¡El plan que había improvisado Henry había funcionado!

Aunque, desgraciadamente, había olvidado que se había dejado el orbe y la caja de cristal entre las hojas que se encontraban fuera de la estructura...

En cuanto Garrett se imaginó que ya se había alejado por el túnel lo suficiente del foso que los esqueletos rodeaban, se puso a cavar hacia arriba. Enseguida asomó la cabeza y sintió el aire fresco. Respiró hondo y se alegró de estar en la superficie de nuevo.

Al examinar la zona, Garrett divisó a una patrulla de jinetes de arañas. Se quedó inmóvil hasta que vio que no había ni un alma. Mientras, algo se había acercado sigilosamente hasta él por la espalda: una criatura verde con la cabeza cuadrada, un cuerpo rectangular y cuatro pies con forma de bloque; dos en la parte delantera y dos en la trasera.

En cuanto intuyó que tenía algo detrás, un sobresaltado Garrett se giró bruscamente y, sin pensar, le dio un puñetazo a la criatura en la cara. La cosa verde pareció quedarse aturdida.

—Oh, Dios mío —se disculpó Garrett—. Lo siento mucho, tío.

En el interior del creeper, una luz parpadeó, al mismo tiempo que se oía un siseo.

—¿Intentas decirme algo, amiguito? —le preguntó Garrett—. No quería atizarte. Pero como te has acercado tan sigilosamente...

¡BUUUUUM!

¡El creeper explotó y Garrett voló por los aires! Se llevó un buen golpe al aterrizar en el suelo. ¡GUUMP! Cuando alzó la vista, comprobó que los jinetes de arañas se dirigían hacia el lugar donde había caído. También divisó el refugio cúbico de Henry en un campo abierto.

—¡Garrett! —gritó Henry desde la cima de la torre—. ¡Estamos aquí!

Garrett corrió para huir de los esqueletos y zombis que le perseguían. Mientras se dirigía al refugio, vio que el orbe y la caja de cristal estaban tirados entre unas hojas y los cogió del suelo.

—¡Garrett! ¡Date prisa! —chilló Henry.

¡Mientras Garrett esprintaba hacia la torre, una flecha impactó contra el orbe y eso hizo que lo soltara junto a la caja de cristal! La caja se estampó contra el suelo y se hizo añicos. ¡Sin la caja de cristal, nunca serían capaces de abrir el portal que los llevaría de nuevo a su propio mundo!

Garrett recogió el orbe y los fragmentos de la caja del suelo y siguió corriendo hasta llegar al refugio. Una vez ahí, golpeó en la pared.

—¡Socorro! ¡Auxilio!

Los zombis le alcanzaron. Aunque se los iba quitando de encima a golpes, no paraban de abalanzarse sobre él.

—¡Hank! —gritó—. ¡Abre la puerta!

Desde la parte superior del tejado de la estructura, Henry asomó la cabeza por el borde y vio a Garrett.

—¡No hay ninguna puerta! ¡Aguanta, que ya voy!

—¡Henry! —gritó Natalie para avisarle. Su hermano se giró y vio que un zombi subía por las escaleras que daban al tejado—. Creía que habías sellado este sitio.

—¡Sí que lo sellé! —insistió Henry—. Es como si hubiese surgido de la nada.

Natalie, Dawn y él se agacharon y retrocedieron para alejarse del zombi.

Abajo, Garrett hacía lo que podía para combatir a la horda de zombis que seguían atacándolo. Daba la impresión de que había combatientes no muertos para dar y tomar.

En el tejado, Henry se apartó a un lado para esquivar al zombi, al que dio una patada por detrás, provocando así que cayera por el borde del tejado. Se precipitó al suelo y aterrizó de bruces junto a Garrett. Poco a poco, cobró vida de nuevo.

Mientras otro zombi intentaba morder a Garrett, Henry extrajo a golpes unos bloques del interior del refugio y logró agarrar a Garrett a través del agujero que había abierto; tras tirar de él hacia dentro, selló la abertura. Los dos se quedaron quietos un instante, jadeando.

—Garrett —preguntó Henry—, ¿por qué nos has dejado tirados?

—Lo siento, chaval —contestó Garrett, y le dio afectuosamente una palmadita en el brazo—. Los muertos no pueden ganar al Gamer del Año.

Henry parecía sentirse confuso y un tanto dolido.

Fuera, un creeper estalló y abrió un agujero en el refugio. ¡BUUUUM! Los zombis y los esqueletos entraron en tromba. Garrett y Henry subieron las escaleras a todo correr.

Henry, Natalie, Dawn y Garrett se apretujaron en el tejado; estaban atrapados.

—Chicos —dijo Garrett—, si no sobrevivo, contad mi historia en una canción. En una de *heavy metal*. Y que sea larga. Con varias partes.

—Cuesta creer que todos vayamos a morir —comentó Dawn con tristeza—. Quería hacer tantas cosas.

Natalie rodeó con sus brazos a Henry.

—Yo solo tenía una cosa que hacer: mantenerte con vida. Y he fracasado.

—No es culpa tuya —le aseguró Henry.

Ella lo abrazó con fuerza.

Entonces, oyeron algo...

CLANK. CLANK. CLANK.

CAPÍTULO ONCE

Todos (los zombis, los esqueletos y los humanos) se volvieron hacia el lugar del que procedía ese ruido.

Aunque Henry, Garrett, Natalie y Dawn aún no lo sabían, se trataba de Steve, que estaba dando unos golpecitos con su espada a la cornisa del tejado.

—Eh, tontainas de la noche —dijo—. ¿Os acordáis de mí? ¡Pues bailemos!

Steve se sumó a la batalla y le partió el cuello a un zombi.

—¡A dormiiiiiir! —le dijo.

Le dio un cabezazo a otro zombi y lo empujó, de tal modo que cayó del tejado del refugio. Con unos movimientos increíbles, mientras giraba y blandía su espada, Steve fue cargándose a un monstruo tras otro. Henry se quedó alucinado con las habilidades de combate que poseía ese desconocido.

El sol se alzó, y el resto de los demonios estallaron en llamas. Con un codazo, Steve derribó a un último esqueleto moribundo.

—¡Sí, qué gran golpe mortal!

—Eso ha sido patético —se burló Garrett—. De todas formas, ese tipo ya estaba muerto.

—Hala —dijo Henry—. ¿Quién eres?

—Yo —anunció Steve de un modo muy teatrero— soy Steve.

Estaba claro que los otros cuatro humanos esperaban que les diera una respuesta más espectacular. Algo que empezara con un *Señor* o *Amo* o incluso un *Súper.*

—¿Quiénes sois, chicos? —preguntó Steve a su vez—. ¿Dónde está Dennis?

Henry puso cara de desconcierto:

—No conocemos a ningún Dennis.

—Entonces, ¿cómo habéis conseguido eso? —preguntó Steve, mientras intentaba coger el bloque que tenía en la mano Garrett.

Garrett lo apartó.

—¡Calma, colega! —le advirtió—. Esto es de mi propiedad. Pagué mucho por ello. Sí, demasiado.

—Pero ¿sabes qué es eso? —le espetó Steve con un tono desafiante, a la vez que señalaba al objeto con forma de bloque—. ¡Eso es el Orbe del Dominio!

—Eso es un bloque —le dijo Natalie.

Steve hizo un gesto de negación con la cabeza:

—No tenéis ni la más mínima idea de a qué os enfrentáis. Dadme el orbe y nadie resultará herido.

—Ni lo sueñes —replicó Natalie—. Lo necesitamos para volver a casa.

Garrett sostenía con la otra mano la caja rota. Steve la miró detenidamente.

—¡¿Está rota?! ¡Lamento tener que daros una noticia malísima, pero sin la caja del Cristal de Tierra, no podréis volver a casa!

—El Basurero la rompió —afirmó Dawn de forma acusadora.

—Qué va —dijo Garrett.

Mientras Garrett tenía centrada su atención en la caja rota, Dawn le quitó el Orbe y se lo dio a Henry.

—¿Por qué no te quedas tú con esto, Henry? Tú tienes esa buena vibra de Frodo.

Henry guardó el Orbe en su mochila.

—Eh, yo también tengo vibra de Frodo —protestó Garrett.

Una preocupada Natalie dio un paso hacia Steve.

—¿Estás insinuando que estamos atrapados en este lugar?

—No —contestó Steve—. No lo estoy sugiriendo, lo estoy diciendo bien clarito. Solo hay una manera de encontrar algo que pueda reemplazar a esa caja rota del Cristal de la Tierra. Yendo a la Mansión del Bosque. Pero si vais ahí, todos moriréis.

—También moriremos si nos quedamos aquí —dijo Henry; él estaba pensando en los zombis y esqueletos que aparecían de noche.

—Pues sí —admitió Steve, que se mostró pensativo un instante—. Escuchad, puedo llevaros de vuelta a casa. Pero me tendréis que dar el Orbe, le prometí a una reina piglin que se lo entregaría.

—¿Qué vas a hacer con él? —preguntó Henry.

—Eso a vosotros no os importa —respondió Steve—. Pero digamos que pienso hacerle una jugarreta. Así que aliémonos temporalmente. ¿Qué me decís? ¿Trato hecho?

Los cuatro se miraron.

Henry les dijo que sí con la cabeza a Natalie y Garrett:

—Acaba de cargarse a unas veinte criaturas. Así que quizá deberíamos unir fuerzas. Por el momento.

—No eran más de quince, más bien —objetó Garrett—. Pero bueno. Aun así, tendréis que respetar dos condiciones. —Se giró y miró a Steve—: La primera, dirígete siempre a mí, porque aquí yo soy el líder. La segunda, si nos traicionas, acabarás con tu *head* enterrada en la raja de mi trasero y te la partiré como una nuez con mis potentes glúteos.

—Lo siento mucho —le dijo Dawn a Steve para disculparse—. Acabamos de conocer a este tipo.

—Pues el doctor Musculenstein acaba de cerrar un trato —afirmó Steve, dándole la mano a Garrett—. Muy bien. Primero, tenemos que hacernos con algunas herramientas y materiales, porque si no, todos palmaremos. ¡Vayamos a la aldea Midport!

Al instante, echó a andar.

Henry le siguió.

—Hummm, ¿señor Steve? ¿Cómo ha hecho eso antes?

A Garrett no le hizo ninguna gracia que Steve hubiera impresionado tanto a Henry.

Abajo, en la noche eterna del Inframundo, Malgosha estaba sentada en su trono, aguardando a que llegaran noticias sobre el Orbe del Dominio. Un mensajero piglin se acercó para decirle algo al oído y, a continuación, gruñó con fuerza. ¡OINK!

Malgosha se apartó del mensajero.

—¡Si no vas a susurrar, mejor quédate ahí!

El mensajero retrocedió y volvió a gruñir.

—¿El Orbe lo tienen cuatro Redondos? —tradujo Malgosha, usando el término que ellos empleaban para referirse a los humanos—. Así que Steve me ha traicionado. Tal y como preveía. Seguramente, los llevará a la aldea Midport. Será ahí donde exhalarán su último aliento. ¡General Chungus! Dé un paso al frente.

Un oficial gigantesco y aterrador emergió de entre las sombras. Los demás piglins se encogieron de miedo al pasar a su lado. Pero cuando abrió su cruel boca, habló con un tono de voz sorprendentemente agudo y suave:

—¿Sí, alteza?

—Reúna a sus mejores guerreros y tráigame el Orbe —le ordenó Malgosha—. Esta vez, mate a los Redondos.

—Delo por hecho —dijo con voz de pito el general Chungus, a la vez que asentía—. ¿A Steve también?

—¡Sobre todo a Steve! —exclamó entre dientes Malgosha.

—Oh, qué pena —dijo un decepcionado Chungus—. Me cae bien. Sabe cómo celebrar una buena juerga en una mazmorra. Derrocha energía.

Malgosha le entregó un frasquito de un color rojo brillante.

—Tome. Llévese esta verruga de Inframundo para que no acabéis todos zombificados. No tengo más.

Los piglins deben beber verruga de Inframundo para no transformarse en zombis bajo el brillante sol del Mundo superior.

—Muchísimas gracias, Malgosha —contestó Chungus, mientras sostenía en alto el frasquito—. Pero no creo que vaya a ser suficiente. La última vez perdimos a muchos buenos piglins ahí arriba.

—¡Pues tendrá que bastar! —le espetó Malgosha.

—Muy bien. —Chungus se encogió de hombros—. Entonces, partiremos. —El frasquito pasó por las manos de sus tropas piglins, que dieron un trago a la verruga de Inframundo que había dentro—. Bebed, chicos. No querréis zombificaros ahí arriba. El Mundo superior es un lugar muy apestoso para nosotros, los piglins.

Y así atravesaron el portal para dirigirse al Mundo superior.

CAPÍTULO DOCE

Steve llevó a Henry, Natalie, Dawn y Garrett a una aldea hermosa y bulliciosa. El brillo del sol se reflejaba en esos edificios con estructura de madera. Las montañas se alzaban en la lejanía. Un gran arco de piedra hacía las veces de entrada natural.

—Hemos llegado —anunció Steve—. Esta es la aldea Midport. Aquí tengo escondido un botín importante que nos ayudará a sobrevivir en la Mansión del Bosque.

Dawn se dio cuenta de que esos aldeanos cúbicos de nariz larga los miraban fijamente y con curiosidad mientras recorrían las calles.

—Espera un momento —dijo—. ¿Quién es esta gente?

—Oh, ¿estos tipos? —preguntó Steve—. ¡Son los aldeanos!

—No nos van a comer, ¿verdad? —quiso saber Natalie.

—¡No! —Steve se rio por lo bajo—. Claro que no. Son unos pacifistas convencidos. Y además son vegetarianos. Si no les tocáis las narices, ellos no os las tocarán.

Solo les mola estar de *chill*, comerciar e inflarse a pan. Se ponen tibios. —Señaló a un aldeano que estaba dando un mordisco de una barra larga de pan integral en ese mismo instante—. Pero en realidad es una comunidad bastante adorable. Cada aldeano tiene un papel importante que desempeñar. Salvo el nitwit. En todas las aldeas hay uno. Es una especie de tonto del pueblo. Pero nos caen bien.

Steve indicó con la cabeza a un aldeano que no paraba de estamparse contra una puerta cerrada. BONK. BONK. Mientras rumiaba lentamente, una vaca observaba al nitwit.

—Así que los aldeanos construyeron todo esto, ¿eh? —comentó Garrett mientras miraba las casas y las tiendas.

—Sí —confirmó Steve—. ¿Y sabes lo que es aún más disparatado? ¡Que nunca los he visto usar las manos! ¡Es de locos!

Pasaron junto a una escalera de mano muy alta que llevaba a un trampolín. Ahí había unas llamas en fila que esperaban su turno para saltar de él. Una de ellas saltó y aterrizó en una piscinita. ¡SPLASH!

—¡¿Qué es eso?! —preguntó Henry.

Steve giró la cabeza de manera despreocupada para ver a qué se refería Henry.

—Es el trampolín más alto del mundo; desde él, se puede saltar a la piscina más enana del mundo. Yo construí eso hace años.

Otra llama saltó del trampolín y cayó en la piscina.

¡SPLASH!

—Me parece que tenéis un problema con las llamas —observó Garrett—. Esto es lo que pasa cuando no hay un macho alfa.

Como no le hacía ninguna gracia que Steve llevara la voz cantante, estaba dispuesto a aprovechar cualquier oportunidad que se presentase para criticarle.

Pero a Dawn las llamas que se zambullían en la piscina la habían dejado impresionada.

—¡Vaya —exclamó entusiasmada—, son increíbles!

—¿Y eso lo construiste tú? —preguntó Henry.

—¡Sí, y muchísimas otras cosas! —contestó un orgulloso Steve.

Como si le hubieran dado pie para ello, un cochino que llevaba una corona pasó en ese instante junto a ellos.

—Hala —dijo Henry, que estaba alucinando con esa criatura—. ¿Es... un rey o algo así?

—No —respondió Steve—. Eso es una leyenda. —Observó cómo a Henry se le iluminaba la cara de alegría—. Aquí puedes crear cualquier cosa que puedas soñar. ¡No hay ningún límite! Ya sabes a qué me refiero. Tú construiste ese refugio, ¿verdad? Era algo muy molón para ser tu primera construcción.

Eso hizo que Henry se sintiera bien. En Idaho, la gente no solía apreciar sus creaciones, o esa impresión tenía él.

—¡Cuidado! —gritó Natalie.

Una gran figura metálica que estaba cubierta de unas enredaderas verdes y flores amarillas pasó con pesadez cerca de ellos. Era una especie de robot con unos brazos que casi llegaban al suelo.

—Calma. Solo es un gólem de hierro —les explicó Steve, usando un tono afectuoso—. Es la fuerza de seguridad local. Estos grandullones son todo amabilidad, salvo cuando alguien les toca las narices a los aldeanos. Ni se os ocurra hacer eso jamás.

El gólem de hierro se agachó para ofrecerle a Natalie una flor roja.

—Este sitio es absurdo —afirmó Natalie.

—Lo sé —dijo un feliz Henry—. Es alucinante.

Entonces pitó el cronómetro del reloj de Garrett.

—Necesito proteínas —le dijo a Steve—. Ya.

Steve sonrió.

—Eso tiene fácil solución, colega.

Los llevó hasta un bullicioso mercado callejero, donde se encontraba el puesto de Pollos a la Lava de Steve. Un aldeano aburrido estaba al otro lado del mostrador, esperando a que entraran clientes.

—¿Alguna vez os habéis preguntado qué pasa cuando mezclas un pollo con lava caliente? —preguntó Steve—. Pues yo sí. Y estáis a punto de descubrirlo.

—¿De verdad nos vamos a parar aquí para que pueda

comer el Basurero? —preguntó Natalie, quien se moría de ganas de volver a casa.

—Lo siento, tía —contestó Garrett, flexionando sus bíceps descomunales—. ¡Esto no se obtiene acariciando gatitos, sino domesticando leones!

Steve tiró de una palanca. La lava caliente frio una ración de pollo.

—¡La-la-la-lava! —cantó mientras el pollo se asaba en la lava—. ¡Po-po-po-pollo! El pollo a la lava de Steve es cosa buena. Oh, *mamasita*, eso me suena. Crujiente y sabroso, menudo *snack*. ¡Oh, cómo pica, lava *attack!*

Le dio un gran mordisco al pollo e, inmediatamente, lo escupió.

—¡AHHH! ¡AAAAY! ¡AAAAY! ¡Está muy caliente! ¡¡Quema, quema, quema, quema, QUEMA!!

—Pásamelo, gallina —le ordenó Garrett, a la vez que le guiñaba el ojo a Henry—. Yo no soy un flojucho como el Gran Steve. Adoro el calor y adoro el dolor.

—Señor —observó Dawn—, usted es tonto de remate.

Steve levantó ambas manos.

—Garrett, hazme caso —le advirtió—. Ese pollo se acaba de asar con lava caliente. ¡Deja que se enfríe, tío!

—No, dáselo —le instó Natalie—. Me muero de ganas de ver lo que va a pasar.

Garrett cogió un trozo de pollo.

—Os veré al otro lado —dijo con mucha confianza. Le dio un bocado al pollo, masticó y, tras mirar a Steve, asintió; después, tragó y sonrió de oreja a oreja a Natalie.

—No está mal —reconoció un impresionado Steve.

Salieron del local. Garrett caminaba al lado de Henry.

—Oye, Hank —murmuró, mientras intentaba no llorar. En su cara se reflejó al fin el dolor agónico que estaba sufriendo—. *Bro…, bro.* La boca me está ardiendo un montón por culpa de ese pollo. ¿No podrías traerme un granizado o algo así?

—Me lo imaginaba. Toma, tío —replicó Henry dándole un granizado.

Garrett lo engulló y respiró hondo:

—Aunque ya has visto que no he escupido el pollo. He ganado. Le he ganado comiendo pollo.

—Oh, sí —admitió Henry—. Eres el mejor comiendo pollo.

Garrett bajó la voz:

—Hank, te voy a decir una cosa que quiero que quede entre nosotros. A veces… tomo malas decisiones.

Henry se echó a reír. Aunque no había pretendido contarle nada gracioso, Garrett sonrió.

CAPÍTULO TRECE

Mientras cruzaban en grupo la plaza de aldea Midport, una escéptica Natalie le preguntó a Steve:

—¿Cómo vamos a encontrar esa cosa que supuestamente se llama la Mansión del Bosque?

—No te preocupes por eso —le aseguró Steve—. Conozco el camino. Lo tengo todo aquí arriba. —Se señaló a la cabeza—. Hay que cruzar las montañas y adentrarse en el bosque oscuro. Tras dejar atrás un mogollón de enormes champis rojos.

—Unos enormes champis rojos —repitió una dubitativa Natalie—. Genial. Te lo estás inventando todo sobre la marcha. En fin, está claro que tenemos que buscar un mapa de verdad. —Se volvió y vio que Henry y Garrett estaban observando cómo unos niños aldeanos saltaban sobre decenas de camas colocadas en la calle como si estas fueran unas camas elásticas—. ¡Henry! —gritó—. ¡Vámonos!

—¿Sabes?, tu hermano tiene un don —le dijo Steve—.

Deberías dejar que lo desarrolle. En este mundo, la creatividad es un factor fundamental para poder sobrevivir.

Natalie se mostró escéptica.

—Pues en el mundo real las cosas no funcionan así. En el mundo real, a los críos creativos siempre los escogen los últimos cuando hay que hacer una actividad deportiva. En el comedor, se sientan a la mesa de los pringados. Los abusones se meten con ellos. No puedo dejar que le ocurra eso. Debo protegerlo.

—Sí —admitió Steve mientras asentía—. Yo también recuerdo el mundo real de esa misma manera.

—A lo mejor encajo mejor en este —señaló Henry, quien les había dado alcance y había oído todo lo que habían hablado.

—Estoy de acuerdo —dijo un sonriente Steve.

Pero, sin duda, Natalie no estaba de acuerdo.

—Henry, ni se te ocurra decir eso.

—¿Por qué? —preguntó Henry—. Siempre me estás diciendo que madure y luego, un par de segundos después, me dices que ser un adulto es un asco.

Frustrado, siguió caminando varios metros por delante de ellos.

Steve se giró hacia Natalie:

—No es a Henry a quien estás protegiendo, ¿sabes?

Estaba insinuando que Natalie, en realidad, solo se protegía a sí misma. Steve aceleró el paso para alcanzar a

Henry. Natalie se quedó ahí parada, pensando. ¿Acaso Steve podía tener razón? ¿Solo intentaba protegerse a sí misma, y no a Henry?

Cuando pasó al lado de Natalie, Garrett comentó:

—Que sepas que por esto nunca he tenido hermanas.

Dawn alcanzó a Natalie.

—Oye, ¿estás bien? —preguntó—. Vamos. He dado con un tío que vende mapas.

Las dos fueron juntas al puesto de mapas.

Entretanto, los tres chicos llegaron a la armería de la aldea, donde se encontraba el botín secreto de Steve. Este señaló hacia varios montones.

—Aquí hay dinamita, cohetes de fuegos artificiales y espadas como para parar un tren —afirmó con orgullo—. Aquí tenemos todo lo que necesitaremos para llegar a la Mansión del Bosque.

Garrett echó un vistazo a su alrededor y dijo:

—Esto me da mal rollo. El karma aquí no fluye nada bien, tío. Lo noto en las muñecas. —Cogió una gema enorme con forma de bloque—. ¿Qué es esta porquería?

—Es una Enderpearl —le explicó Steve—. Te teleporta a cualquier lugar que la lances.

—Sí, ya. —Garrett resopló, mostrando así que no le creía. Tiró la perla y, al instante, se teleportó al lugar donde había aterrizado, rodeado de una nube de partículas púrpura.

—Yyyyyy esa era la única que tenía —dijo Steve—. No pasa nada. Para hacerme con ella tuve que luchar contra un Enderman y estuve a punto de palmar.

Garrett se quedó quieto; se sentía aturdido y confuso tras haberse teleportado.

—¿Qué es un Enderman? —preguntó Henry, picado por la curiosidad.

Steve frunció el ceño.

—Algo que provoca pesadillas, chaval. Si tienes suerte, nunca te toparás con uno. ¡Acompáñame!

Mientras Henry seguía a Steve, Garrett vio que, entre la pila de objetos, había un cubo viejo y agrietado. Tenía, más o menos, el mismo tamaño y forma que el Orbe del Dominio. Contempló ese cubo viejo; después, miró hacia la mochila de Henry, donde se hallaba el Orbe del Dominio.

Y a Garrett se le ocurrió una idea…

En el puesto de mapas, Natalie y Dawn estaban teniendo algunos problemas para entenderse con el aldeano que los vendía.

—Una vez más —repitió Natalie—, necesitamos un mapa para ir a la Mansión del Bosque.

—Humm —masculló el vendedor de mapas.

Dawn se inclinó hacia Natalie.

—Creo que ahora tiene la sensación de que le estás hablando como a un tonto —le susurró.

Steve guio a Henry hasta un bloque de madera muy molón que tenía una cuadrícula en su superficie.

—Es una mesa de trabajo —le explicó—. Y funciona así. Colocas estos elementos sobre la mesa siguiendo un patrón en concreto —puso un palo y dos lingotes de hierro encima de ella— ¡y KA-BUUM! —Steve cogió un martillo y golpeó con él la parte central de la cuadrícula, transformando así esos elementos en una bonita espada—. ¡Tienes una hermosa arma! —anunció, mientras dejaba el martillo y alzaba la espada para admirarla.

Se la pasó a Henry, quien la giró bajo la luz para examinarla.

—Esto es increíble —dijo maravillado—. ¿Puedo probar?

Steve extendió un brazo en dirección hacia la mesa.

—¡Claro! —contestó—. Intenta forjar tu propia espada. La vas a necesitar.

Tras inspeccionar la habitación, Henry eligió diferentes elementos que, a continuación, colocó sobre la mesa de trabajo. Sonrió, ya que disfrutaba mucho creando algo nuevo.

¡ZAS! Henry dio un martillazo a la cuadrícula ¡y los objetos se fusionaron en uno solo! Al levantarlo, vio que había forjado un arma híbrida, en la que se combinaban una espada, un hacha y una maza; además, contaba con unos ornamentos muy interesantes por todas partes.

—Anda ya…, ¡pero si es una espadhacha de batalla! —exclamó Henry con orgullo, mezclando las palabras *espada* y *hacha* para crear una nueva: *espadhacha*. Se fijó en qué cara había puesto Steve, para intentar adivinar qué opinaba sobre el arma—. Ya sé que no he hecho lo que me has pedido.

—Pues no —admitió Steve sonriendo abiertamente—. Pero has hecho algo mejor: has pasado mil de lo que te he pedido. ¡Te has dejado llevar por tu imaginación!

Henry sonrió satisfecho. Llevaba mucho tiempo esperando a que alguien le dijera eso.

CAPÍTULO CATORCE

Garrett crujió los nudillos y se acercó a la mesa de trabajo.

—¿Quieres ver una espada? —preguntó—. Pues te voy a enseñar una muy guay.

Sin tener realmente ni idea de qué estaba haciendo, Garrett deambuló por la estancia mientras cogía materiales al azar.

—Una vez me invitaron a unirme a un clan ninja —alardeó—. Porque tengo una gran habilidad para moverme entre las sombras. Pero tienes que sacrificarlo todo y renunciar a tu nombre, y yo no estaba dispuesto a hacer eso.

—Te entiendo perfectamente, senséi —dijo Steve, asintiendo—. En Idaho, fui miembro de tres clanes ninja. Mi especialidad era lanzar estrellas. Era una auténtica «estrella» del combate. No es fácil luchar contra el crimen bajo el abrigo de la oscuridad. Pero a veces tienes que cumplir con tu deber, y yo sí estaba dispuesto a hacer eso.

Garrett colocó a voleo algunos lingotes de hierro sobre la mesa. Trazó un arco en el aire con el martillo, que impactó muy violentamente contra la cuadrícula. CLANK. Los lingotes se transformaron en... un cubo.

—No pasa nada, tío —le consoló Steve, a la vez que le daba unas palmaditas en el hombro—. Aquí los cubos son algo muy útil.

Garrett gruñó y frunció el ceño.

Henry se acercó a la mesa.

—Eh, ¿puedo probar otra cosa? —Como nadie le dijo que no, añadió algunos elementos a la mesa y convirtió el cubo de Garrett en dos unidos por una cadena con unos eslabones gruesos. Agarró su creación y se la dio a Garrett—. A ver qué puedes hacer con esto.

Garrett manejó los cubos como si fuera un nunchaku.

—Vaya —dijo riéndose por lo bajo—. Pues no está nada mal.

A Henry se le ocurrió otra idea.

—¿Puedo probar otra cosa? —le preguntó a Steve.

—Claro que sí —contestó Steve—. Dale caña, Hank.

—¡Eh, que soy yo quien le llama así! —protestó Garrett.

Henry se vació los bolsillos. De ese montoncito de cosas que sacó de ahí, escogió una pila de nueve voltios, un sujetapapeles, la goma de borrar rosa que el señor Gunchie le había lanzado en clase de plástica y una patata frita.

—¿Llevabas unas patatas en los bolsillos? —le preguntó Garrett—. Tío, ¿todo este tiempo has llevado unas patatas encima?

Henry combinó los cuatro objetos que llevaba en los bolsillos con otros elementos del botín de Steve, entre los que había un trozo de hierro y un palo, luego los colocó todos sobre la mesa de trabajo. ¡ZAS! Steve y Garrett se inclinaron para ver qué había fabricado Henry: se trataba de una especie de cañoncito.

—¡Anda ya! —exclamó Henry—. ¡Pero si es un Lanzapatatas!

Disparó una patata contra la pared. ¡BUUM! ¡Y la patata explotó!

Steve estaba alucinando con la creatividad de Henry.

—¡Tío, nunca se me habría ocurrido fabricar algo así! ¡Acabas de usar una porquería aburrida del mundo real para crear algo genial! ¡Eso es flipante!

Henry, que se sentía muy feliz por los halagos de Steve, examinó su Lanzapatatas.

—Steve, ven aquí un momento —le pidió Garrett, quien se lo llevó a un aparte—. El Orbe iba acompañado de una nota que decía algo sobre unas riquezas.

—Claro —dijo Steve, mientras asentía—. Aquí hay riquezas por todos lados. Yo tengo escondidos un mogollón de diamantes en las minas de Redstone.

A Garrett le brillaron los ojos de codicia.

—Estupendo. ¿Tu tesoro está de camino a la mansión?

Steve negó con la cabeza.

—Qué va. Habría que desviarse mucho. Y las minas pueden ser peligrosas.

Garrett se encogió de hombros y le dijo:

—Pues supongo que tendremos que desviarnos.

¡Entonces abrió su chupa de cuero rosa y mostró a Steve que tenía el Orbe del Dominio! Mientras Henry había estado concentrado en fabricar unos objetos nuevos, Garrett le había dado el cambiazo: se había hecho con el orbe que el muchacho tenía guardado en su mochila y había metido en esta el orbe viejo y agrietado.

—Te lo voy a explicar muy fácilmente —afirmó Garrett—. No hay diamantes... No hay Orbe. No sé si me sigues.

Mientras Steve pensaba en el ultimátum de Garrett, ambos oyeron una especie de murmullo. La tierra tembló y las armas cayeron al suelo. ¡CLANK!

En el puesto de mapas, Natalie, Dawn y todos los aldeanos también notaron el temblor. No sabían qué lo estaba causando, pero tenía que ser algo enorme.

—¿Esto es normal? —le preguntó un nervioso Henry a Steve.

—No —respondió Steve—. Esto pinta mal.

Steve salió a la calle para ver qué estaba pasando. Henry y Garrett le siguieron.

¡En cuanto llegaron a la plaza, vieron cómo irrumpía en la aldea una horda horrible de soldados piglins, liderados por el general Chungus!

Los aldeanos se dispersaron mientras Chungus alzaba un puño y su ejército entraba en acción. En el puesto de mapas, el vendedor echó a correr. Un piglin disparó una flecha que alcanzó a un aldeano que se encontraba cerca de Dawn y Natalie. ¡PUUF! ¡El aldeano se desintegró!

Natalie y Dawn chillaron y volcaron una mesa para agacharse tras ella y usarla así como escudo. Unas flechas se clavaron en la mesa. ¡ZUOK! ¡ZUOK! ¡ZUOK! ¡ZUOK!

—¿Quién… qué son esas cosas? —preguntó Garrett.

—Piglins —contestó Steve—. Deben de estar buscando el Orbe.

En cuanto unas flechas pasaron zumbando, Steve alzó un escudo. Garrett y Henry se agacharon detrás de él.

Chungus avanzaba hacia ellos a toda velocidad, apartando violentamente a los aldeanos que se encontraba por el camino como si nada, como si fueran unos meros insectos molestos. Cuando vio a Steve, le saludó con la mano de forma amistosa.

—¡Hola, Steve! ¡Me alegro de verte, tío! ¡He venido a por el Orbe!

—Mierda. —Steve suspiró—. ¡Chungus, Malgosha me la ha jugado! —Chungus se estaba acercando. Steve tiró el escudo y blandió su espada—. Atrás, chicos. ¡Este cerdo es mío!

Garrett se puso delante de Steve, ya que quería ser el héroe de esta historia.

—¡No! Es mío. Ya estoy harto de que aquí tú te quedes siempre la gloria.

Giró su nunchaku a lo loco.

—Garrett, escucha… —llegó a decir Steve.

¡ZAS!

Steve perdió el conocimiento tras recibir el impacto de un cubo.

CAPÍTULO QUINCE

—¡Steve! —gritó Henry.

Chungus arremetió contra Garrett. Entonces…, se detuvo y le dijo a la cara:

—Oye, tío. No tenemos por qué hacer esto. Yo solo necesito ese orbe.

—Lo siento —dijo Garrett—. No negocio con cerdos.

Lo atacó con sus cubos, pero Chungus lo derribó fácilmente y se lo llevó a rastras, mientras este gritaba.

Henry reaccionó con rapidez y atacó a los demás piglins con su Lanzatots. ¡ZOMPF! ¡ZOMPF! ¡ZOMPF! Apuntó al suelo, para que los piglins se resbalasen con las patatas.

Chungus le dio una patada tremenda a Garrett, que rodó por el suelo. Garrett se incorporó y sacudió la cabeza para intentar espabilarse, mientras Chungus se dirigía hacia él.

—Ayayay…, aquí viene —se dijo Garrett a sí mismo.

Justo cuando Chungus estaba a punto de darle el golpe que lo dejaría K. O., un gólem de hierro atizó al piglin con ambos brazos, de tal modo que salió despedido y cruzó volando la aldea Midport. El gólem miró a Garrett, quien asintió con la cabeza.

—Te lo he dejado a huevo —afirmó Garrett levantándose y corriendo hacia Henry, justo cuando Steve recuperaba el conocimiento.

—¡¿Qué ha pasado?! —preguntó Steve, que todavía estaba un poco grogui.

—Te acabo de salvar la vida, pringao —contestó Garrett—. Ya me darás las gracias después.

Los tres huyeron de los feroces piglins que los perseguían.

Natalie, quien también estaba combatiendo contra unos piglins, vio cómo Henry huía con Garrett y Steve. Su hermano se giró y sus miradas se cruzaron por un momento, pero como estaban separados por muchísimos piglins, tuvo que seguir corriendo.

—¡Henry! —gritó Natalie.

—Debemos irnos —le dijo Dawn—. Ya.

—Dawn, le necesito —le rogó Natalie—. Él me necesita.

—Él te necesita viva —afirmó Dawn rotundamente—. ¡Vamos! Nos encontraremos con él en la Mansión del Bosque.

—¡El tipo de los mapas! —exclamó Natalie—. ¡Tenemos que dar con él!

—¡Busquémoslo! —dijo Dawn.

La dos echaron a correr.

En las afueras de la aldea, Steve, Henry y Garrett subieron velozmente por unas enormes escaleras de piedra que llevaban a la cima de un barranco. Los piglins aún los perseguían.

—Garrett, ¿y Natalie? —preguntó un jadeante Henry.

Henry miró hacia abajo y vio que los piglins estaban recortando distancia. Rápidamente, extrajo a golpes unos bloques y los lanzó escaleras abajo, levantando así un muro improvisado que ralentizaría el avance de sus perseguidores.

Llegaron al borde del barranco. Allá abajo los esperaba un profundo abismo. No tenían adónde ir.

—¿Y ahora qué hacemos? —preguntó Henry, dominado por el pánico.

—Solo podemos hacer una cosa —contestó Steve, a la vez que sacaba unas alas de su mochila—. ¡Ponernos unas alas de élitros! —exclamó mientras se las colocaba en la espalda a Henry y Garrett.

¡GUUUUMP! Unas alas grises y grandes con un tono ligeramente púrpura se desplegaron en la espalda de ambos.

—¡Hala! —dijo Henry mientras se retorcía para poder examinarlas.

Entretanto, abajo, en las escaleras de piedra, los piglins lograron atravesar el muro que había levantado Henry.

Steve señaló al otro lado del abismo.

—¡Id a esas montañas!

—¿A esas montañas? —preguntó un confuso Henry—. ¡Pero creía que nos dirigíamos a la Mansión del Bosque!

—Hank, no cuestiones a los adultos —le riñó Garrett.

—Pero…

—Adiós, adiós —le dijo Garrett, al mismo tiempo que lo empujaba.

—¡AAAAAAUUUGGH! —chilló Henry mientras caía en picado hasta perderse de vista.

Garrett se volvió hacia Steve:

—¿Estás seguro de que estos chismes funcionan?

—Cien por cien —le prometió Steve.

—Genial —dijo Garrett—. Porque si no es así, creo que acabo de cometer un asesinato.

De repente, volvieron a ver a Henry, que se elevaba en el aire. Su terror se había transformado en asombro.

—¡Toma ya! —gritó.

Los piglins estaban a punto de alcanzar a Garrett y Steve.

—¡Seguidme! —les ordenó Garrett, al mismo tiempo que saltaba del barranco.

Steve buscó en su mochila otras alas, pero resultó que no tenía más.

—¡NO! ¡Pensaba que tenía tres!

Entonces saltó del barranco y aterrizó sobre la espalda de Garrett.

Henry, que les iba pillando el tranquillo a las alas, planeaba por el aire alegremente. Garrett, que llevaba a Steve a la espalda, se acercó volando hasta colocarse a su lado. Para dirigirle, Steve le tiraba de su larga melena. Y eso a Garrett no le hacía ninguna gracia.

—¡No te pases, tío! —se quejó—. ¡Suéltame el pelo! ¡No soy un caballo que tienes que domesticar!

—Cálmate —le dijo Steve con un tono firme pero sereno—. Deja que te guíe a golpe de cadera. ¡Es la única forma de hacer esto!

¡BUUM! Una bola de fuego explotó en medio de ellos.

Miraron hacia atrás y vieron que los perseguía un escuadrón de ghasts, unas criaturas voladoras de gran tamaño que eran como unos globos aerostáticos cúbicos provistos de unos tentáculos. Los piglins iban montados en unas cestas que pendían de los ghasts, a quienes indicaban adónde debían ir pinchándolos con unas lanzas mientras lanzaban flechas a los Redondos.

—¡Hank! —gritó Steve—. ¡Tendremos más posibilidades de salir de esta si nos separamos!

—¡¿QUÉ?! —chilló Henry.

CAPÍTULO DIECISÉIS

Aunque no estaba para nada conforme con ese plan, Henry se alejó volando de Garrett en dirección contraria. Un ghast le siguió. Dos grandes bestias piglins le lanzaron un pequeño piglin zombificado, que se le agarró a la pierna.

—¡Ahhh! —gritó Henry, a la vez que movía bruscamente la pierna para ver si así se quitaba de encima al piglin zombificado—. ¡Suéltame! ¡SUÉLTAME!

Sacó su leal Lanzapatatas y apuntó al piglin con él. Pero justo cuando apretaba el gatillo, una flecha impactó contra el lanzador y falló el tiro. La flecha había sido disparada por un piglin armado con una ballesta. Con su Lanzapatatas Henry borró del cielo al piglin. ¡ZOMPF! ¡ZOMPF! ¡ZOMPF!

Antes de que pudiera volver a apuntar al piglin que estaba agarrado a su pierna, este le dio un golpe al Lanzapatatas, provocando así que Henry lo soltara. El chico observó cómo descendía descontroladamente... más... y más... ¡hasta desaparecer!

Entretanto, Steve y Garrett volaban entre dos ghasts.

—¡Tenemos que volar más rápido! —gritó Steve.

—¡Es que pesas mucho! —protestó Garrett.

Los piglins que se encontraban en las cestas de ambos ghasts les apuntaron con sus armas. Steve se inclinó hacia delante y Garrett descendió en picado de inmediato. ¡BUUM! ¡BUUM! ¡Los ghasts se dispararon mutuamente y explotaron!

En una cumbre alta, unos jinetes de cochinos corrían a la par de Steve y Garrett. Los jinetes tenían una barba oscura y el pelo cortado en forma de cresta. Dos de ellos saltaron de sus cochinos y aterrizaron sobre Garrett, a la vez que derribaban a Steve, quien acabó colgando por debajo de él. Mientras los jinetes golpeaban a Garrett y le tiraban del pelo, se agarró a él con todas sus fuerzas.

—¡AAY! —chilló Garrett—. ¡¿Qué está pasando?!

Henry ascendió volando hasta colocarse junto a sus dos amigos. El piglin zombificado seguía sujeto a su pierna, ya que se negaba a soltarse.

—¡Henry! —gritó Steve cuando le vio.

Henry señaló frenéticamente al piglin.

—¡No puedo quitármelo de encima!

—¡Usa el cohete! —le aconsejó Steve.

—¡Ah, sí! —dijo Steve, quien sacó un cohete de fuegos artificiales de su mochila y prendió fuego a la mecha.

¡FUOOOM!

La presión de la propulsión del cohete alcanzó al piglin, que se soltó de su pierna y acabó dentro de la boca de un ghast. Henry se agarró con fuerza al cohete y salió disparado hacia delante, directamente hacia un túnel estrecho que se abría en la montaña que tenía de frente.

—¡AAAHHHHH! —chilló.

—Ha tenido una buena idea —le comentó Steve a Garrett—. ¡Síguele por ese túnel!

—Vale —dijo Garrett mientras viraba hacia la pequeña abertura—. Pero hay muy poco hueco. ¡Pégate bien a mí!

En cuanto entraron en el túnel, Garrett dejó de tener detrás a los dos jinetes de cochinos. ¡ZAS!

Al otro lado del túnel, Henry perdió el control y se chocó contra sus amigos. Sus alas se enredaron y cayeron al suelo. Rápidamente, Steve sacó un cubo y se lo dio a Henry.

—¡Lanza el agua antes de que aterricemos! ¡Amortiguará el impacto!

Henry le miró con cierto escepticismo. Steve vio la duda en su mirada:

—¡Confía en mí! ¡LANZA YA el cubo de agua!

Henry lo tiró. ¡Debajo de ellos, una masa de agua cobró forma! Cayeron sobre ella y rodaron sin lastimarse.

Aún no habían alcanzado las montañas de Redstone, pero estaban mucho más cerca que antes.

Entretanto, en la aldea Midport, el general Chungus y su ejército de piglins se arrodillaban ante Malgosha tras haber sido derrotados, mientras se iban zombificando por no ingerir más verruga de Inframundo.

—General Chungus —bramó la hechicera—, me ha fallado por última vez.

—Mire, alteza —le imploró Chungus—, aquí todo el mundo sabe que no he tenido mi mejor día. Pero me he puesto unas metas razonables para ponerme en forma. Como comer más verdura…

—¡TRAED A LA BESTIA! —gritó Malgosha. Un mensajero piglin se acercó rápidamente y le susurró algo al oído—. ¿Qué quieres decir con que «solo os falta meterle el cerebro»? —El piglin susurró algo más—. ¡Sí, sí que es importante! —rugió Malgosha—. ¡HACEDLO DE UNA VEZ!

El mensajero se alejó a todo correr.

—Tengo una pregunta —dijo Chungus—. Si intento escapar y no lo consigo, ¿voy a sufrir una muerte todavía peor? Es algo que necesito saber ya.

POM. POM. POM. POM.

El Gran Puerco se acercaba.

Era enorme. Poderoso. Feo. Aterrador. Y tenía unos ojos brillantes y malévolos.

—El Gran Puerco —anunció Malgosha, pronunciando su nombre con un tono halagador y afectuoso—. Mi arma definitiva al fin ha sido completada. —Señaló con la cabeza a Chungus—. Acaba con este fracasado indigno.

El Gran Puerco cargó su arma.

—Bueno, no me arrepiento de nada —afirmó Chungus—. Lo di todo en el campo de...

¡ZAP! El Gran Puerco desintegró al general, que acabó convertido en unas chuletas de cerdo chisporroteantes. Los hambrientos piglins zombificados avanzaron tambaleándose hacia ellas.

—Mata a los Redondos y tráeme el Orbe —le ordenó Malgosha al Gran Puerco—. Deshazte de estos piglins zombificados. Ya no me son útiles.

Mientras el Gran Puerco lanzaba unas bolas de fuego contra los piglins zombificados, Malgosha se rio y le dio un sorbo a la verruga de Inframundo.

A las afueras de la aldea Midport, el vendedor de mapas navegaba en un barquito por el río, sin saber que le estaban siguiendo. Dawn le divisó desde la orilla.

—¡Ahí está! ¡Lo veo!

Natalie y ella corrieron hasta llegar al viejo muelle.

—¡Vuelve aquí! —le gritó Natalie al tipo de los mapas—. ¡Necesitamos un mapa!

El vendedor de mapas las ignoró.

—Necesitamos un barco —señaló Dawn—. Ojalá Henry estuviera aquí.

Lo decía porque estaba pensando en cómo Henry parecía ser capaz de construir casi cualquier cosa en este mundo extraño.

—Vale —dijo Natalie—. Bueno, supongo que él haría esa magia rara con los árboles…

Se agachó y dio unos cuantos puñetazos al muelle para extraer unos bloques.

—¡Date prisa! —le instó Dawn—. El tío de los mapas se está alejando en su barco.

—Esto duele mucho —dijo Natalie, frotándose los nudillos—. ¿Significa eso que está funcionando?

Entonces se enderezó y lanzó los bloques al agua, pero simplemente se alejaron flotando.

—Bueno, eso no es un barco —observó Dawn—. No son más que un montón de bloques flotando en el agua. —Cogió una roca y la lanzó contra la hierba—. ¡Oh, mira! —exclamó sarcásticamente—. ¡He construido una casa!

—¡Lo siento mucho! —se disculpó Natalie, quien se sentía desbordada por la frustración—. ¡No sé qué estoy haciendo! ¡Soy incapaz de «crear» nada o «fabricar» o como se diga!

Dawn escudriñó el curso del río.

—Pues ese tío tan raro que lleva un monóculo se está escapando. Será mejor que lo alcancemos. —Miró hacia atrás, hacia Midport—. Larguémonos de aquí antes de que esos cerdos monstruosos nos alcancen.

Echó a correr en paralelo a la ribera. Natalie la siguió.

Oyeron el roce de unas hojas y unos jadeos que procedían de los árboles que tenían detrás.

Alguien, o algo, las estaba observando…

CAPÍTULO DIECISIETE

Henry, Garrett y Steve se encaminaron hacia el pie de las montañas de Redstone.

—Tienes que explicarnos muchas cosas, colega —le dijo Garrett a Steve—. Hank y yo queremos que nos des algunas respuestas.

—Sí —asintió Henry—. Como ¿quién es la malvada hechicera de la que has estado hablando?

—¿Esos cerdos monstruosos van a seguir siendo un problema para nosotros? —preguntó Garrett.

—Eso me temo —admitió Steve—. La hechicera es una reina piglin llamada Malgosha, que gobierna un mundo tenebroso conocido como el Inframundo. Es un lugar horrible, donde no hay más que lava ardiente y pedos de puerco. Los piglins son unas bestias estúpidas que solo piensan en conseguir oro.

—¿Oro? —preguntó un intrigado Garrett.

—Malgosha está en guerra con el Mundo superior —continuó Steve—. Odia todo lo que representa.

—¿Y eso cómo lo sabes? —preguntó Henry.

—Lo sé porque fui su prisionero por mucho tiempo —respondió Steve.

Durante unos instantes, caminaron en silencio. Henry admiró el asombroso y colorido paisaje del Mundo superior.

—¿Cómo puede odiar este lugar? —preguntó.

—Malgosha odia la creatividad de verdad —contestó Steve—. El camino hacia la oscuridad de Malgosha empezó como suelen empezar estas cosas, durante la semifinal de *Got Talent del Inframundo*. Una joven Malgosha siempre soñó con convertirse en una bailarina de talla mundial. Se movía de forma peculiar. Nadie en el Inframundo supo entenderlo.

—Mmm —dijo Garrett, a quien le volvió a entrar hambre—. Chuletas de cerdo.

—Como Malgosha era incapaz de crear, ahora se dedica a destruir —afirmó Steve—. Si algún día se hace con el Orbe, apagará el sol. La verruga de Inframundo florecerá. Y este hermoso mundo, y todo lo que hay en él, se marchitará y morirá. Todo pasará a ser el Inframundo. Para siempre.

—¿Y tú estabas dispuesto a entregarle el Orbe? —le preguntó Henry con un tono acusatorio—. Qué idea tan genial.

—¡Pues claro que no se lo voy a dar! —contestó un Steve a la defensiva—. Pero necesito el Orbe para poder negociar. —Daba la sensación de que estaba desesperado—. Tengo que salvar a Dennis.

Henry puso cara de determinación. Había llegado a adorar el Mundo superior y no quería que fuera destruido.

—No podemos darle el Orbe a Malgosha —afirmó rotundamente. Entonces se volvió hacia Garrett—: Quizá esa sea la verdadera razón por la que estamos aquí. El Orbe no nos ha traído aquí para hallar un tesoro, sino tal vez para salvar este lugar.

Garrett no parecía estar muy convencido, ya que aún necesitaba obtener dinero para salvar su negocio.

—Seguro que podemos hacer las dos cosas —dijo.

Steve elevó la vista hacia la montaña que se alzaba imponente ante ellos.

—La Mansión del Bosque está tras las montañas de Redstone —les explicó—. Podemos escalarlas o atravesarlas.

Apuntó con el dedo hacia la entrada de una mina.

—Hay que escoger la vía más rápida —afirmó Henry—. Tenemos que llegar a esa mansión. Ahí nos encontraremos con Natalie. Lo sé.

Garrett miró a Steve como si dijera: «Recuerda nuestro trato: vamos a atravesar las minas para que pueda hacerme con un montón de diamantes; ¡si no, despídete del Orbe!».

Steve captó el mensaje.

—Iremos más rápido si las atravesamos.

—Vale —dijo Henry—, ya tenemos un plan. —Al instante, sacó algo dorado de su mochila—. Oye, Garrett —añadió con timidez—. Hice esto para ti en la aldea. Simplemente, para darte las gracias. Por haber sido la única persona de Chuglass que se portó un poco guay conmigo.

—Gracias —dijo Garrett, al mismo tiempo que cogía el objeto dorado, a pesar de que se sentía un poco incómodo ante esta muestra de gratitud.

Henry siguió caminando.

Garrett observó detenidamente el regalo. Era un trofeo en el que podía verse su cara; el chaval había tomado como referencia la foto que aparecía en uno de sus folletos. En él, estaba grabada esta frase: MEJOR AMIGO DEL AÑO. Sonrió.

Mientras se metía el trofeo en un bolsillo de su chupa, rozó el orbe que le había quitado a Henry, el que había sacado de su mochila para darle el cambiazo. Miró al muchacho que caminaba por delante de él y sintió algo que no había sentido nunca.

¿Acaso se sentía… culpable?

CAPÍTULO DIECIOCHO

Natalie y Dawn avanzaron en paralelo a la ribera. Los zombis y los esqueletos habían aparecido al caer la noche.

—Vale —dijo Natalie—. El tipo de los mapas se ha escapado. Somos incapaces de encontrar a mi hermano. Y no tenemos ni idea de dónde está la Mansión del Bosque. Lo estamos haciendo genial.

Con una pala, le atizó a un esqueleto en toda la cara. ¡ZASCA!

—Esto no es culpa tuya, Nat —le aseguró Dawn . Yo trabajo con cerdos. Y sé que si quieren guerra, habrá guerra, y no podemos hacer mucho al respecto.

Reventó a un zombi. ¡ZAS!

Natalie suspiró:

—Lo único que tengo que hacer es mantener a salvo a Henry y lo estoy haciendo de pena. Le prometí a mi madre que nunca dejaría que le pasara nada malo. Pero está claro que no estoy hecha para ejercer de figura materna.

—¡ZASCA! Otro zombi cayó—. Me habría gustado ser

una niña durante algo más de tiempo, ¿sabes? Y haber disfrutado más de esa sensación de que podía haber hecho cualquier cosa.

—Te entiendo —confesó Dawn—. Ser un adulto es un asco. Asumes un montón de responsabilidades y dejas de perseguir tus sueños. —Apaleó a otro zombi. ¡BAM! ¡ZUACK! ¡CLONK!—. ¿Crees que a mí me hace gracia tener quince trabajos distintos? Yo mataría por ser como tu hermano. Es un chico raro, pero no se lo piensa y va a por todas...

—A lo mejor lo estamos enfocando mal —sugirió Natalie—. ¿No se supone que uno debe hacer lo que más le gusta?

Tras golpear a un esqueleto con una pala, Dawn dijo:

—Me encantan mis animales. Quiero trabajar con ellos el resto de mi vida. Pero ¿y si eso no funciona? ¿Y si pongo toda la carne el asador y me sale todo fatal? Eso es lo que me gusta de tu hermano. Él lo intenta, sin más. No sé. Tengo la sensación de que necesito una señal.

Oyeron el roce de unas hojas. Algo se movía en el cercano bosque. Una criatura enorme emergió de él...

Un lobo.

Lentamente, fue avanzado hacia Dawn y Natalie mientras gruñía. Las dos retrocedieron.

Natalie alzó la pala e intentó hablar con firmeza:

—¡¿Tú también quieres unos palazos, grandullón?!

—Eh, eh, eh —dijo Dawn, alzando ambas manos—. Calmémonos. —Se aproximó con lentitud al lobo y, por el camino, cogió un hueso de esqueleto del suelo—. Este chico solo necesita un poco de cariño. ¿Verdad, grandote? Le ofreció un hueso al lobo, quien lo olfateó; acto seguido, lo cogió alegre y lo masticó ruidosamente. El animal se enderezó, ladeó la cabeza y gimió con alegría, mientras su larga lengua pendía de su boca.

—Mírate —dijo con dulzura Dawn, a la vez que le acariciaba el pelaje con cautela—. Eres un perrete muy bonito.

Natalie estaba impresionada.

—No me puedo creer lo que acabas de hacer.

Mientras Dawn acariciaba al lobo, un collar con forma de bloque apareció en su cuello. ¡PUUF! Leyó el nombre que estaba escrito en el collar.

—¿Dennis? ¿Eres el Dennis del que hablaba Steve?

Dennis ladró dos veces.

—¡GUUF! ¡GUUF!

—¿Puedes… llevarnos hasta él? —preguntó Dawn.

Dennis avanzó unos cuantos pasos velozmente y, entonces, se detuvo para mirar hacia atrás, como si les estuviera preguntando a esas dos mujeres si iban a acompañarle.

Natalie y Dawn siguieron a Dennis.

CAPÍTULO DIECINUEVE

Steve encabezó la marcha a través de las minas de Redstone, en las que siguieron las vías del tren mientras dejaban atrás maquinaria antigua.

—¿Veis todo eso que brilla? —preguntó—. Es redstone. Un mineral que transmite energía. Se pueden construir unos artilugios bastante disparatados con eso.

Dio unos golpecitos a una piedra y esta brilló con más fuerza. Henry extrajo un poco de mineral de redstone, lo cual dejó un rastro de polvo de redstone. Sonrió encantado al ver el mineral y el polvo.

—Creía que esto era una mina de diamantes —se quejó Garrett, ya que las piedras rojas que brillaban y transmitían energía no iban a salvar su tienda.

—Tranquilo, grandullón —le tranquilizó Steve—. Están aquí. Si lo único que deseas son riquezas materiales, las tendrás.

—Ya, claro. Pues por ahora, aunque lo he deseado mucho, aún no me he hecho rico —dijo Garrett, manteniendo los ojos bien abiertos por si veía algún diamante mientras se adentraban aún más en la mina.

—Hace tiempo, coloqué una serie de trampas en este lugar, así que debemos tener cuidado —les advirtió Steve—. Funcionan a base de limo y pistones. —Miró a su alrededor—. La primera trampa debería estar por…

¡Garrett pisó un plato de presión, que lanzó unas bolas de cactus! Las bolas repletas de pinchos se le clavaron en la espalda, los brazos y el trasero.

—¡AAAAAAUUUGH! —chilló.

—¡Vale! —exclamó Steve, al recordarlo—. Diseñé esta para atacar a la persona que se quedase rezagada en el grupo…; básicamente, para castigar la cobardía.

—¡Quitádmelas! —gritó Garrett, agitando los brazos para intentar deshacerse de las bolas de cactus, al mismo tiempo que retrocedía hasta un pistón de limo.

¡BLOOOOOSH!

El pistón lanzó a Garrett hacia arriba, hacia una serie de trampas de limo colocadas en lo alto de las paredes rocosas. ¡Rebotó de un lado a otro de forma muy dolorosa hasta que al fin cayó sobre una palanca que abrió la puerta secreta que llevaba al botín secreto de Steve, a sus diamantes!

—¡Ah! Aquí está —dijo Steve—. ¡Gracias, Garrett!

Gimoteando, un débil Garrett hizo un gesto de «todo bien» con el pulgar.

Dentro de la cámara oculta, vieron unos montones de relucientes gemas preciosas y diamantes.

—¿Qué estamos haciendo aquí? —preguntó Henry—. Creí que la idea era llegar a la Mansión del Bosque lo antes posible.

—Es solo una paradita, Hank —contestó Garrett, a la vez que sacaba una bolsa y la llenaba alegremente de joyas—. ¡Sí, a esto me refería yo!

—Espera —dijo Henry, al darse cuenta de lo que pasaba—, ¿esto lo habíais planeado entre los dos?

—Le hice saber a Steve quién manda aquí —respondió Garrett, mientras metía en la bolsa todas las gemas que podía—. Créeme, me entendió perfectamente.

Steve lanzó una mirada asesina a Garrett y se disculpó con el muchacho:

—Lo siento, Henry.

—Este siempre fue el plan, Hank —afirmó Garrett—. ¿Te acuerdas de por qué cruzamos el portal en un primer momento?

Henry no se podía creer lo que estaba oyendo.

—¡Pero podríamos estar ya en la mansión! ¡Natalie y Dawn podrían estar allí! ¡Podrían estar en peligro!

Steve olfateó el aire.

—Oh, no. ¿Oléis eso? ¡Es verruga de Inframundo!

—¿Y eso qué es? —preguntó Henry.

Cayó polvo del techo. Se oyeron unos gruñidos. Alguien intentaba entrar por la fuerza en la cámara…

—No —dijo un horrorizado Steve con la voz entrecortada—. ¡Es el Gran Puerco! ¡Esa hechicera al fin le ha metido un cerebro! ¡CORRED!

Henry señaló hacia una vagoneta vacía. Los tres corrieron hacia ella y se subieron de un salto. Garrett empujó la palanca y la vagoneta alcanzó una gran velocidad.

Entraron en una caverna tan negra como la boca del lobo, y la vagoneta fue perdiendo velocidad hasta avanzar muy lentamente.

—¡Maldita sea! ¡Por culpa del viento, se me ha apagado la antorcha! —gritó Steve.

—Hala, ¿por qué nos estamos parando? —preguntó un preocupado Henry.

—Porque pesamos mucho, caballeros —les informó Steve—. Necesitamos redstone para impulsarnos. Y rapidito.

—¿Qué es ese ruido? —preguntó Garrett, quien encendió una antorcha y vio que estaban rodeados de creepers, esos muchachitos de cuatro patas que explotaban al menor roce.

—Es mi granja de creepers —les explicó Steve.

—¡¿Qué clase de idiota cría estas cosas?! —quiso saber airadamente Garrett.

Henry señaló hacia delante.

—¡Mirad! ¡Un raíl propulsado!

En cuanto alcanzaran la flecha de redstone, recibirían más energía, más impulso. Pero la vagoneta a duras penas se movía ya. ¡Y podían oír que el Gran Cochino y sus piglins se aproximaban rápidamente!

—¡Garrett —dijo Steve al instante—, tú nos has metido en este lío! ¡Baja y empuja!

—Eso es algo que sí puedo hacer —contestó Garrett, mientras bajaba de la vagoneta—. Nunca me salto los días que me toca hacer ejercicios de pierna. Unos muslos robustos salvan vidas.

Tras colocarse detrás de la vagoneta, la empujó hacia delante.

—Si un creeper estalla, ¿estallarán todos los demás? —preguntó Henry.

—Oh, sí —afirmó Steve—. Será una colosal reacción en cadena. ¡Empuja, Gar-Gar! ¡Henry, abofetea a esos creepers!

Henry se agachó y fue abofeteando a los creepers a medida que la vagoneta pasaba a su lado. Steve hizo lo mismo, activando así a los creepers, que vibraron y centellearon.

El Gran Puerco irrumpió en la caverna.

—Espero que lo hayamos calculado bien —comentó Henry.

—Yo también, mi joven amigo —respondió Steve.

¡Era crucial que escaparan de la cámara antes de que estallaran todos los creepers! Garrett tenía que empujarlos hasta el raíl propulsado para que la vagoneta ganara velocidad.

Garrett empujó con fuerza. Estaban a punto de alcanzar el raíl propulsado.

—¡Monta! ¡Monta! —le ordenó Henry.

Garrett se subió de un salto a la vagoneta justo cuando esta alcanzaba la flecha y salía como una exhalación de la granja de creepers, dejando así a los piglins rodeados de unos creepers activados. A los piglins se les veía inquietos.

En un visto y no visto, la vagoneta salió disparada de la montaña y se encontró bajo la brillante luz del sol. Entonces…

¡BUUUUUUM!

La montaña entera explotó, propulsando la vagoneta hacia delante otros cincuenta metros. La onda expansiva dibujó unas ondas en sus caras.

CAPÍTULO VEINTE

La vagoneta se detuvo lentamente. Los tres se bajaron de ella, sintiéndose un poco mareados.

—Bien hecho, Gar-Gar —comentó Steve sarcástico—. ¡Casi palmamos por tu culpa, por habernos desviado un poquito!

—*Relax*. Qué melodramático eres. —Garrett se encogió de hombros—. Estamos vivos.

Un furioso Henry empujó a Garrett.

—¡No necesitábamos esos diamantes!   le espetó—. ¡Por tu culpa, casi morimos! Eres la persona más egoísta que jamás he conocido.

—Sí, claro, lo que tú digas. Pero, mira, yo los necesito —dijo Garrett en voz baja. A continuación, elevando el tono de voz a medida que su frustración aumentaba, añadió—: Necesito los diamantes para conseguir dinero. ¡Estoy arruinado, chaval! ¡Y tú no sabes lo que es eso!

—¿De qué estás hablando? —preguntó Henry.

Garrett decidió que iba a sincerarse del todo:

—Mi vida es un asco. Soy un perdedor, ¿vale? Ya está. Lo he dicho. —Respiró hondo y se desahogó—: Sé que parece que lo sé todo. Que soy listo. Gracioso. Bilingüe. Humilde hasta decir basta. Pero, en realidad, estoy muy mal. Estoy acabado, Hank. Lo voy a perder todo. Y eso no es lo peor. Lo peor es que estoy solo.

—No estabas solo —le corrigió un Henry muy dolido—. Yo era tu amigo.

Entonces se alejó.

Garrett se quedó allí, boquiabierto.

—Lamento oír que te encuentras en una situación financiera complicada —dijo Steve tras un momento de silencio.

—Calla, Steve —gruñó Garrett.

Dennis las sacó del bosque y las llevó hasta un campo. Para Natalie, esta parte del Mundo superior tenía las mejores vistas que había contemplado hasta el momento. A lo lejos, divisó un gran champiñón rojo.

—Eso son unos enormes champis rojos —se maravilló—. Así que Steve no está loco. Bueno, al menos no mentía en esto. Este lugar cada vez me gusta más, ¿sabes?

—Sí, está muy bien. Podrías convertir uno de estos champis tan grandes en una casa árbol en régimen de propiedad compartida —comentó Dawn, mientras seguía a Dennis hacia un sendero flanqueado por unos champis rojos que llevaba a la Mansión del Bosque.

Entretanto, Steve, Henry y Garrett habían recorrido la distancia que separaba la montaña de Redstone que había explotado de la Mansión del Bosque. Cuando ya estaban frente a la mansión, evaluaron la situación.

—Ahí está —dijo Steve—. Esa es la Mansión del Bosque. ¡Vamos a entrar, vamos a coger el Cristal de Tierra y vamos a lograr que volváis a casa, chicos! —Les explicó brevemente a Henry y Garrett qué había dentro de la colosal estructura. Había construido una maqueta cutre de la mansión con bloques de madera y trozos sobrantes—. Prestad mucha atención a papá Steve —les ordenó—. Tiene tres plantas. La primera está llena de vindicadores.

Por la cara que pusieron Henry y Garrett, estaba claro que no tenían ni idea de qué era un vindicador.

—Básicamente, son unos asesinos armados con hachas —les explicó Steve mientras movía unas figuritas hechas con palos.

—Se supone que son cosas distintas, ¿verdad? —preguntó Garrett, a la vez que agarraba una de las figuras—. Es que todas son iguales.

Steve se la quitó.

—¡Cierra el pico, Garrett! La segunda planta está llena de evocadores, que dominan una magia negra muy poderosa.

Cogió una figurita distinta y la movió como si volara por el aire.

—Ya, ya —dijo Garrett con impaciencia—. Y en la planta superior, hay magos. Como pasa en cualquier videojuego corriente y moliente. Eso está muy visto.

—Oh, sí, Garrett lo sabe todo —comentó Henry, poniendo cara de no poder creerse lo que estaba oyendo.

—¿¡Cuánto tiempo vas a estar cabreado conmigo, tío?!

—¡Pero si acabo de enfadarme contigo! —le espetó Henry.

—Pues no me hace ninguna gracia —le dijo Garrett.

—Pues deberías habértelo pensado mejor antes de que casi muriéramos por tu culpa —replicó Henry.

—Lo siento, Hank —dijo Garrett, y hablaba muy en serio—. De veras.

Henry le lanzó una mirada asesina.

—No me llamo Hank.

—Una cosa más —continuó Garrett, que quería confesarlo todo—. Y me odio por esto. Prométeme que no te cabrearás aún más.

—No sé cómo podría enfadarme todavía más —dijo Henry.

—Es algo muy malo —afirmó Garrett—. Te robé el Orbe cuando estabas fabricando algo. —Lo sacó de su bolsillo y se lo ofreció a Henry—. Toma. ¿Todo arreglado…, Henry?

Henry se quedó mirando el Orbe. No se lo podía creer.

—Eres, literalmente, el peor ser humano que hay en la faz de…

—Henry, ya le echaremos la bronca a este tío luego, ¿vale? —le interrumpió Steve, quien quería centrarse en el asunto que tenían entre manos. Los obligó a centrar la atención de nuevo en la maqueta improvisada—. Ahora, los dos, mirad mi supermaqueta. En la tercera planta se encuentra la cámara del botín. ¡Ahí es donde está el Cristal de Tierra!

—¿Esa cajita en la que se mete el Orbe? —preguntó Garrett.

—Exactamente —le confirmó Steve—. «Esa cajita en la que se mete el Orbe». Los Endermen la vigilan. Hagáis lo hagáis, no los miréis a los ojos. Os freirán el cerebro.

—Puedo construir unas escaleras que nos lleven a la segunda planta —dijo Henry—. Me colaré por una ventana, subiré a la tercera planta y robaré el Cristal de Tierra.

Garrett asintió lentamente; estaba de verdad impresionado.

—Buena idea, Hank.

—Pero para poder salirnos con la nuestra, tendremos que crear una buena distracción —señaló Steve.

—¿Sabéis qué funcionaría muy bien con estos tíos? —sugirió Garrett—. Sé que os va a parecer una locura, pero deberíamos montar un buen numerito.

A Steve se le iluminaron los ojos.

—¿Acabas de sugerir que «montemos un buen numerito»?

—Sí, ya me has oído —respondió Garrett.

—No sabes cuánto tiempo he estado esperando a que alguien dijera eso —afirmó un sonriente Steve, a quien le brillaban los ojos.

Garrett también sonrió, ya que le había sorprendido gratamente la reacción de Steve.

¡Había llegado el momento de montar un buen numerito!

CAPÍTULO VEINTIUNO

CRIIIIIK...

La puerta principal de la mansión se abrió poco a poco. Steve y Garrett iban vestidos de uniforme y llevaban un sombrerito, ya que se habían disfrazado como esos chicos que entregan telegramas cantando. Empezaron a bailar, dando pasos adelante y atrás y de un lado a otro.

—¡Eh, eh, eh! —dijo Garrett con una voz superalegre—. ¿Alguien ha pedido que amenicemos una fiesta de cumpleaños tocando el saxofón?

Steve sostuvo en alto un saxofón y añadió:

—La amistad es lo que deseas cuando el día de tu cumple soplas las velas. No abuses jamás ni te portes mal, es hora de desnudarse. Así se nace.

Al otro lado de la puerta, una multitud de vindicadores de espesas cejas oscuras los miraban fijamente mientras blandían sus hachas de hierro. Tenían la piel gris y una expresión feroz en el rostro.

Garrett y Steve se pusieron a rapear animadamente para felicitar al cumpleañero; esa era la distracción que necesitaba Henry para poder fabricar una escalera, subir hasta la segunda planta y colarse por la ventana sin ser visto. Al final de un pasillo, vio las escaleras que llevaban a la tercera planta.

Pero los evocadores (los magos oscuros sobre los que Steve le había avisado) deambulaban por el pasillo y no paraban de entrar y salir de las habitaciones. Aunque con esa piel gris y esas densas cejas tenían un aspecto similar al de los vindicadores, llevaban unas largas túnicas negras con ribetes dorados que los distinguían de ellos.

—Tengo que calcularlo bien —masculló para sí.

Entonces, todos los evocadores entraron en las habitaciones, dejando el pasillo vacío. Henry echó a correr y alcanzó la escalera antes de que los evocadores volvieran.

Mientras, en la puerta principal, Garrett y Steve seguían improvisando la letra de su rap de cumpleaños, pero se estaban quedando sin ideas.

—Las velas vas a soplar y tus deseos se harán realidad… —Garrett se volvió hacia Steve y añadió en voz baja—: Casi deseo que nos maten para que no tengamos que seguir haciendo esto.

—¡Tenemos que cambiar de tercio ya! —admitió Steve—. No se les ve muy contentos.

Los vindicadores estaban levantando sus hachas.

Steve empezó a tocar una melodía nueva con su saxofón llamada *Crazy Train*. Después, se apartó el saxo de la boca y anunció:

—¡Vamos que nos vamos! ¡Enseñen sus billetes! ¡Porque vamos a VIAJAR EN TREN!

Se puso a cantar *Crazy Train* con toda la energía que fue capaz de reunir, con la esperanza de distraer a los vindicadores el tiempo suficiente como para que Henry completara su misión. Garrett lo apoyó; cantó y danzó mientras Steve daba palmas y tocaba el saxofón con toda su alma. ¡Juntos, no lo hacían tan mal!

Pero los vindicadores se habían hartado. No eran muy aficionados a la música. Se aproximaron a Steve y Garrett...

Mientras tanto, arriba, en la tercera planta, Henry se acercaba sigilosamente a la cámara del botín. De repente, oyó cómo una tabla de madera del suelo crujía a su espalda. Miró hacia atrás y vio que un evocador estaba gesticulando con las manos para lanzar un hechizo. ¡Un enjambre de vexes (unos seres malvados armados con unas espadas de hierro) surcó el aire en dirección hacia Henry!

—Y encima tienen espadas, justo lo que me faltaba —se dijo a sí mismo mientras se daba la vuelta para echar a correr.

Se dirigió como una exhalación a la puerta que daba a la cámara del botín mientras los vexes lo perseguían y chillaban. Logró cruzarla justo a tiempo y la cerró de golpe.

¡SLAM!

Cuando Henry se giró y vio lo que había en la cámara del botín, dijo:

—Esto tiene que ser una broma.

Allí había un montón de cofres. Montañas y montañas de cofres. Una cantidad inmensa de cofres que tendría que revisar a fondo.

Entretanto, en la planta baja, los vindicadores habían llevado por la fuerza a Garrett y Steve hasta un cuadrilátero. Steve estaba atado a una esquina del *ring*, pero a Garrett lo habían dejado suelto para que pudiera enfrentarse a su oponente...

... una gallina.

Los vindicadores que los rodeaban no paraban de animar y gritar.

—¿Steve? —preguntó un Garrett totalmente desconcertado—. ¿Qué está pasando? ¿Quieren que pelee contra una gallina?

—Sí, creo que esto es una especie de club de la lucha de los vindicadores —contestó Steve—. Había oído hablar sobre estas peleas, pero nunca había visto una. —Recorrió con la mirada la enorme cámara—. Esta construcción es bastante impresionante. Tiene una buena iluminación y un cuadrilátero para boxear muy robusto.

Garrett se encogió de hombros y alzó los puños.

—Supongo que es él o yo, así que…

Una caja descendió del techo. La parte inferior de la misma se abrió de par en par, y un bebé zombi cayó de ella. El bebé aterrizó sobre la gallina como si fuera un soldado montado a caballo.

—Pero ¿qué…? —preguntó un Garrett aún más desconcertado—. Es como un…

—… jinete de gallinas —dijo Steve.

¡SSSSSSS! Siseando, el bebé zombi arremetió contra Garrett y de un golpe lo envió violentamente a una esquina del *ring*. Entonces, abrió y cerró frenéticamente la boca para intentar morderle con sus enormes dientes. ¡CLACK! ¡CLACK! ¡CLACK!

—¡Eh, eh, eh! —protestó Garrett—. ¡No me muerdas!

—¡Es un combate a muerte! —gritó Steve—. ¡Sin reglas!

Mientras Garrett hacía un gran esfuerzo para mantener a un brazo de distancia al bebé zombi que quería morderle, el pollo le picó en la pierna.

—¡DEJA DE HABLAR Y AYÚDAME! —le gritó Garrett a Steve. El bebé saltó entre las cuerdas del *ring* y golpeó a Garrett con furia.

Mientras, en la cámara del botín, Henry abría un cofre tras otro para buscar el Cristal de Tierra.

—Vamos, vamos —masculló nervioso.

Al abrir otro cofre, halló un hacha de diamante que

emitía un brillo púrpura. Decidió quedársela, ya que se imaginó que podría serle útil. Después, vio una caja en la otra punta de la habitación de cuyo interior brotaba una luz azul. En cuanto fue corriendo hacia ella, unas figuras altas y flacas con unos ojos brillantes cruzaron sigilosamente la habitación por detrás de Henry.

Eran unos Endermen.

Entretanto, abajo, el bebé zombi le estaba atizando en la cabeza a Garrett; sin embargo, este logró soltarse y le dijo a Steve:

—¡Por favor, nunca le cuentes esto a nadie!

Entonces le dio un patadón al bebé en toda la cara. ¡ZUNK!

El bebé voló por los aires, aterrizó de culo y se echó a llorar de un modo patético.

—Mira, lo siento —dijo Garrett, sintiéndose mal—. No llores…

Se aproximó al pequeño zombi para consolarlo, pero este dejó de llorar, le mordió en la mano y lo volteó, provocando así que cayera de espaldas. ¡ZAS! ¡Los vindicadores gritaron entusiasmados!

—¡Sigue haciendo lo que estás haciendo! —le pidió con insistencia Steve a Garrett—. ¡Lo tienes dominado, grandullón!

Mientras animaba a Garrett, Steve se concentró en intentar deshacerse de sus ataduras.

En ese momento, en la planta de arriba, Henry abrió el cofre del que surgía la luz azul y encontró... ¡el Cristal de Tierra! Cogió ese objeto alucinante y lo contempló detenidamente; a continuación, lo metió en su mochila.

Al alzar la vista, se dio cuenta de que podía ver el reflejo de una figura oscura en una ventana. Se giró rápidamente, pero la figura envuelta en sombras ya no estaba allí; solo vio unas partículas púrpura que flotaban en el aire.

¡PUUF! ¡El Enderman se teleportó y reapareció justo delante de Henry!

Era alto y negro; tenía una cabeza cúbica, dos brazos largos, dos piernas largas y dos ojos brillantes de color púrpura que Henry no pudo evitar mirar. Lentamente, el Enderman abrió su boca rectangular...

... ¡y chilló!

Henry se llevó las manos a las sienes. Le brillaron los ojos, que adquirieron un color púrpura. Unas imágenes perturbadoras asaltaron su mente.

Garrett echó una ojeada al cuaderno de Henry y se rio de sus dibujos.

—¡Esto es una basura, chaval! —afirmó burlonamente.

—Tú no encajas aquí, Henry —afirmó Steve, con un semblante malvado y perverso—. ¡No encajas en ninguna parte!

—Todo esto es culpa tuya —dijo Natalie; le hablaba con la misma crueldad que le había hablado Steve—. ¡Ahora nunca volveremos a vernos!

En la casa de su infancia, su madre le reñía.

—Natalie está en peligro. Has puesto en peligro a todos tus amigos y a este mundo entero. ¿Y todo por qué? —Sostuvo en alto el cuaderno en el que Henry anotaba sus ideas—. ¿Porque te creías especial? ¿Porque pensabas que al mundo le importaba lo que había en tu mentecilla?

Arrojó el cuaderno a la chimenea, donde unos leños ardían.

—Madura, Henry —le dijo.

CAPÍTULO VEINTIDÓS

Henry se despertó de golpe de la pesadilla del Enderman. Sus ojos dejaron de tener un brillo púrpura. Sacudió la cabeza para intentar despejarse. Esas visiones le habían parecido tan reales.

Vio que el Enderman seguía delante de él, con sus relucientes ojos púrpura. Henry se agachó y lo atacó con su hacha de diamante encantada. Le cortó las piernas, las rodillas, el torso y, por último, cuando se inclinó hacia delante, la cabeza, que era cuadrada. ¡PUUF! Una Ender Pearl cayó. Henry la cogió; a continuación, golpeó el suelo con su hacha. ¡CRASH! Cayó al piso de abajo.

Entretanto, en el combate, el bebé zombi se había subido a un poste situado en una esquina del cuadrilátero. Se preparaba para saltar sobre Garrett y acabar con él. Los vindicadores que estaban viendo la pelea enloquecieron.

—No… —suplicó Garrett, a la vez que levantaba una mano—. No…

Cuando el bebé saltó desde el poste, Garrett se preparó para lo peor. ¡Pero Steve apareció de la nada, le dio una patada al zombi en el aire y este salió disparado volando! Los vindicadores se quedaron pasmados. Steve ayudó a Garrett a ponerse en pie.

—Me has salvado —dijo Garrett; no podía creérselo.

—Para eso están los amigos, Garrett —afirmó Steve.

Se agarraron mutuamente de la nuca y juntaron las frentes.

—En cualquier momento, en cualquier sitio —juró Garrett—, siempre podrás contar conmigo.

La gallina saltó e intentó atacar a Steve, pero este lo agarró del cuello y lo lanzó por la ventana. El bebé zombi regresó, sediento de venganza.

—Hagámoslo —le dijo Steve a Garrett.

Juntos, realizaron un alucinante movimiento de lucha libre que dejó fuera de combate al bebé zombi. Para celebrar su victoria, en vez de darse un apretón de manos, hicieron una serie de gestos muy elaborados que parecían más bien una danza: chocaron los puños, se tocaron los codos y menearon las manos y las caderas.

Garrett se subió de un salto a las cuerdas del cuadrilátero y bramó:

—¡La lucha libre profesional NO es así! ¡Estáis ENFERMOS!

—¿Dónde está Henry? —preguntó Steve.

¡SMASH! Con su hacha de diamante, Henry atravesó el techo y cayó al *ring*. Se levantó y echó un vistazo a su alrededor, sintiéndose un poco confuso.

—¡Hank! —gritó con alegría Garrett.

—¿Has encontrado el Cristal de Tierra? —preguntó un ansioso Steve.

Henry sostuvo en alto su mochila.

—Sí. Lo tengo aquí.

—¡Bien hecho, Henry! —exclamó Steve, mientras le daba una palmadita en el hombro—. ¡Ahora hay que encontrar a Natalie y Dawn!

Los tres se fueron de allí corriendo y dejaron a los pasmados vindicadores que habían presenciado el combate pensando en lo que acababa de ocurrir. Henry, Steve y Garrett salieron como una exhalación por la puerta principal de la Mansión del Bosque y atravesaron corriendo un puente enorme que cruzaba el profundo cañón que rodeaba el edificio.

Pero mientras cruzaban el puente, algo emergió de la niebla…

¡Eran unos ghasts! Estas criaturas portaban unas góndolas pilotadas por unos piglins, como aquellos de los que Steve, Garrett y Henry habían escapado en el abismo situado a las afueras de la aldea Midport. ¡Los ghasts se elevaron a ambos lados del puente, rodeándolos!

Abajo, a bordo de la góndola ghast más ornamentada, se hallaban el Gran Puerco (de alguna manera, había sobrevivido a la explosión de los creepers en las minas) y Malgosha.

—Oh, no —gimió Steve—. Es ella.

La hechicera piglin alzó su vara y el Orbe salió de la mochila de Henry. Para horror de los tres, el Orbe voló hasta colocarse directamente sobre el extremo superior de la vara. Una victoriosa Malgosha estalló en unas carcajadas malévolas.

—¡No! —gritó Henry.

—¡Matadlos! —ordenó Malgosha—. Tenemos mucho que hacer.

Se marchó volando, dejando allí a sus esbirros para que hicieran el trabajo sucio.

Decenas de piglins de múltiples colores, armados con unas bombas champiñón, saltaron al puente.

—¡Buscadores piglins! —exclamó Steve con voz entrecortada—. ¡Van a volar este puente por los aires!

Garrett señaló con la cabeza a un ghast y le preguntó a Steve en voz baja:

—¿Podrías subirte a uno de esos demonios con pinta de terrón de azúcar?

Steve miró hacia allá. La góndola del ghast se hallaba a unos tres metros y medio por debajo del puente. La cesta era pequeña; sin embargo, daba la impresión de que sería capaz de llevar a dos pasajeros humanos, así que asintió.

Garrett agarró a Henry por detrás, por la camisa y los pantalones, y lo lanzó hacia la góndola vacía que pendía debajo del ghast. Después, Steve cogió carrerilla y saltó hacia la góndola, donde aterrizó al lado de Henry.

—¡Bloque de limo! —exclamó a la vez que lanzaba uno para que Garrett pudiera saltar.

Henry y Steve vieron que Garrett estaba rodeado de buscadores piglins que se cernían sobre él con sus bombas champiñones.

—Vete, Hank —le gritó Garrett—. Salva a Dawn y a tu hermana y vuelve a casa.

—¡Vamos, Garrett! —le pidió insistentemente Steve—. ¡Salta!

—¡No! ¡Largaos de aquí! —exclamó Garrett—. Contad mi historia en una canción. De *heavy metal,* por favor. Y tocada con instrumentos reales.

—¡No tienes por qué hacer esto! —le suplicó Henry—. ¡Te perdono! ¡Acuérdate de lo que dijiste! ¡Los muertos no pueden ganar el Gamer del Año!

Henry nunca había visto a Garrett sonreír de un modo tan sincero.

—Ya tengo un trofeo, chaval.

Los buscadores piglins se abalanzaron en tromba sobre Garrett. Mientras luchaba contra ellos, el ghast se alejó volando.

—¡¡¡NO!!! —gritó Henry.

¡BUUUUM!

¡Las bombas champiñón de los buscadores piglins explotaron! El puente había sido destruido. Una lluvia de chuletas de cerdo cayó por el abismo.

Mientras se alejaban volando en la góndola del ghast, unos afligidos Henry y Steve lloraron la muerte de su amigo. Pero unos instantes después, Steve rompió el silencio:

—Henry, sé que ambos lo estamos pasando mal, pero tengo algo importante que decirte. No sé cómo se aterriza con un chisme de estos.

¡ZAS!

Se estrellaron contra un árbol y todo se volvió negro.

Henry abrió los ojos y vio a… ¡Natalie! Ella sonrió y, a continuación, le abrazó con fuerza.

Dawn también estaba ahí. Había logrado que Steve y Dennis se reencontraran. Los dos grandes amigos se estaban cubriendo de babas mientras se abrazaban.

—¡Dennis! —exclamó Steve con alegría—. ¡Jo, cómo te he echado de menos!

—¿Dennis es un perro? —preguntó Henry.

Dennis gruñó.

—Grrrr…

—Un lobo, tío —le corrigió Steve, quien se volvió hacia su gran amigo—: Temía tanto haberte perdido, chico. ¿Qué te ha pasado? ¿Dónde has estado?

Dennis le dio una larga explicación a base de ladridos, aullidos, gruñidos y quejidos.

Con una sonrisa afectuosa dibujada en la cara, Steve le dijo:

—Has salvado al Mundo superior entero, Dennis. Has sido tan valiente. Pero ahora tenemos que salvarlo de nuevo. ¿Te apuntas?

—¡ARRRROOOO! —aulló Dennis para expresar que estaba de acuerdo.

—Ahora entiendo por qué siempre ibas tan sucio y olías tan mal —comentó Dawn—. Para que Dennis pudiera encontrarte algún día.

—Exactamente —confirmó un orgulloso Steve.

—Temía tanto que estuvieras muerta —le dijo Henry a su hermana mayor.

—Pues aquí estoy —le aseguró—. Y no pienso irme a ningún sitio.

Henry suspiró.

—Lo siento, Nat. Todo es culpa mía. Garrett ha muerto. Y estamos atrapados en este lugar.

—Lo siento mucho —dijo Natalie, atrayéndolo hacia sí para darle otro abrazo enorme.

—Garrett ha muerto como un verdadero héroe —afirmó Steve de un modo solemne—. Sinceramente, le tengo un poco de envidia.

CAPÍTULO VEINTITRÉS

—Henry, mírame —le dijo con dulzura Natalie. Su hermano la miró a los ojos; se le veía tan triste—. No te eches la culpa. Y no dudes de ti mismo, ahora no. Tenías razón sobre este lugar.

Henry asintió y se sintió un poco mejor. Echó un vistazo a su alrededor. Daba la impresión de que estaban dentro de una estructura o algo así.

—Espera. ¿Dónde estamos?

—He construido una especie de refugio —le explicó Natalie con humildad.

Como quería ver mejor el edificio, Henry salió corriendo de allí. Natalie lo observó desde la puerta abierta. Vio que su hermana había construido una torre colorida con forma de champiñón, demostrando así que tenía creatividad e imaginación.

—¡Nat —dijo un impresionado Henry—, lo has logrado!

—Sí —contestó Natalie con una sonrisa de satisfacción—. Aunque no está tan bien como el que hiciste tú, por supuesto. Pero me siento orgullosa de lo que he hecho.

Henry le sonrió a su vez. Dedujo que Natalie estaba tan sonriente porque al fin sabía cómo se sentía él cuando creaba algo nuevo.

Pero de repente, tuvo un *flashback* y recordó su encuentro de pesadilla con el Enderman. Sus ojos adquirieron un color púrpura. Sintió tanto dolor que se llevó las manos a las sienes.

—¿Henry? —preguntó Natalie, mientras se acercaba corriendo hacia él.

A continuación, lo ayudó a entrar de nuevo en la torre champiñón.

Una vez dentro, Henry intentó explicarles qué le estaba ocurriendo:

—En la mansión, esta criatura me obligó a ver una visión horrible, en la que aparecía mamá diciéndome que me rindiera.

Steve le dijo:

—Esa no era tu madre, Henry. Los Endermen son unos mentirosos. Y saben cómo usar nuestros mayores miedos en nuestra contra.

—Ya sabes qué quería mamá que hicieras —dijo Natalie—. Usa tus dones. Y tal vez consigas que el mundo sea un poco mejor.

Henry sonrió.

¡FUOOOOOM!

Al oír ese ruido ensordecedor, todos se acercaron a la ventana para ver qué estaba sucediendo allí fuera. ¡Y vieron cómo un rayo de luz púrpura se elevaba directamente hasta ese sol con forma de bloque!

—El Gran Oscurecimiento ha comenzado —afirmó Steve con mucha seriedad—. Malgosha está reuniendo a todas sus fuerzas. El Mundo superior lo tiene todo en contra.

—A menos que luchemos por él —dijo Henry.

Natalie asintió con la cabeza.

—Va a haber muchos cerdos asesinos ahí abajo —reflexionó Dawn—. Pero creo que podré conseguirnos algunos refuerzos.

—¡Sí! —exclamó Steve; a continuación, pareció sumirse en un mar de dudas—: Pero ¿de dónde los vas a sacar?

—Eso déjamelo a mí —contestó Dawn.

—Se me ha ocurrido una idea. Vamos a construir algo muy disparatado —dijo Henry—. ¿Nat?

—Puedo ayudarte con eso —respondió Nat.

Henry sonrió. Le gustaba la idea de crear algo con su hermana. Se volvió hacia Steve:

—Voy a necesitar muchas herramientas y materiales.

Steve le lanzó un pico.

—¡Vale, escuchad con atención! Voy a necesitar que unos excaven y otros construyan. ¡Así que a EXCAVAR y CONSTRUIR! ¡Por Minecraft!

El cielo se oscureció sobre el prado que se hallaba cerca del portal que llevaba a la Tierra. Las ovejas miraron hacia arriba y se preguntaron qué estaba pasando.

La misma penumbra se estaba expandiendo sobre la aldea Midport. Los aldeanos dejaron de hacer lo que estaban haciendo y contemplaron el cielo con detenimiento.

En los lindes del bosque, las turbas de esqueletos y zombis que normalmente solo salían de noche fueron emergiendo bajo esa oscuridad antinatural.

Y en el colosal portal que permitía viajar entre el Inframundo y el Mundo superior, unos bloques de infiedra se esparcieron, tiñendo la hierba y la piedra de un color rojo apagado. En esos bloques brotaron unos hongos de verruga de Inframundo. Unas tropas piglins fuertemente armadas salieron del portal, alentadas por su reina hechicera.

—¡Hoy tomaremos el Mundo superior! ¡Será nuestro! —declaró Malgosha—. ¡Atacad la aldea! Quemad sus hogares y sus granjas simétricas. Todo lo que han creado… ¡lo vamos a destruir!

Todos los piglins lanzaron unos oinks, unos gruñidos y unos gritos amenazadores.

Malgosha se volvió hacia una brigada de piglins que llevaba unas antorchas encendidas y señaló con su vara hacia la aldea Midport, que se hallaba a lo lejos.

—¡CARGAD!

CAPÍTULO VEINTICUATRO

En una loma cercana, Henry fabricó varios montones de bloques de hierro, a los que Natalie puso unas cabezas de calabaza. ¡Al instante, cobraron vida y se convirtieron en unos gólems de hierro!

Henry calzó al último gólem con unas Botas de Celeridad púrpura, transformándolo así en un supergólem cuyo poder era tener una gran velocidad.

—¡Necios! —Malgosha se rio cuando vio lo que estaban haciendo los hermanos—. ¡Los gólems de hierro no atacarán salvo que se les provoque!

PLINK.

Una flecha lanzada por uno de los piglins alcanzó a un gólem de hierro, pero rebotó en él sin lastimarlo. Todos los gólems de hierro giraron la cabeza hacia el jinete.

Malgosha suspiró:

—Esto tiene que ser una broma.

Los gólems de hierro descendieron velozmente por la colina hasta alcanzar a la caballería hoglin. Con sus largos brazos, derribaron a los jinetes de sus cochinos. El supergólem se alzó imponente sobre el piglin que había disparado la flecha y le dio tal golpe que salió disparado por los aires. Decenas de esqueletos, zombis y jinetes de arañas se sumaron al combate rápidamente atacando en masa a los gólems de hierro, quienes les atizaron y los aplastaron.

—¿Seguro que esas botas funcionan? —le preguntó Natalie a Henry mientras este las activaba.

¡FUOOSS!

El supergólem echó a correr a una velocidad increíble.

—Sí, creo que funcionan —contestó Henry, quien siguió al supergólem mientras este despejaba el camino hasta el portal.

Los hermanos lucharon contra los piglins codo con codo; Natalie con su espada, y Henry con su nuevo Lanzapatatas.

Entretanto, Steve se acercó sigilosamente por la espalda a Malgosha; colocó unos bloques en el suelo, saltó sobre ellos y se propulsó en el aire.

—¡ATAQUE SORPRESA!

Malgosha se volvió de forma brusca hacia Steve y vio que no solo llevaba puesta una armadura de diamante, sino que también empuñaba una espada de diamante.

—¡¿Eh?!

Con la espada de diamante desenvainada, Steve surcó el aire, pero acabó estampándose de bruces contra el suelo a poca distancia de Malgosha, quien inmediatamente le atacó con su vara. Steve se puso en pie de un salto y le arrojó unos huevos.

—¡ATAQUE CON HUEVOS!

En cuanto los huevos alcanzaron a la hechicera, se convirtieron en pollitos. Entonces, Steve construyó un pequeño muro de bloques y saltó hacia él, gritando:

—¡ATAQUE *PARKOUR!*

Empleando sus mejores movimientos de *parkour*, se giró y se impulsó en la pared para lanzarse violentamente contra Malgosha. Lucharon usando contra el otro todas las estrategias que se les ocurrieron.

En el fragor de la batalla, Henry y Natalie se aproximaron al portal que llevaba al Inframundo, el cual tenía una altura de varios pisos. Encima del portal se encontraba el Orbe del Dominio, del que surgía un tenebroso rayo púrpura que oscurecía el cielo. Mientras, una nueva oleada de piglins se acercaba con rapidez.

Sonriendo, Henry sacó la Enderpearl que había obtenido en la tercera planta de la Mansión del Bosque al derrotar al Enderman y la metió en el lanzador.

—Hazlo, Henry —le animó Natalie—. Yo me ocupo de esto…

Alzando su espada, su hermana se giró para enfrentarse a la horda de piglins que avanzaban velozmente.

Con cuidado, Henry apuntó hacia la parte superior del portal. ¡FUUMFF!

La Ender Pearl salió del cañón y surcó el aire hasta alcanzar la cima del portal.

¡FUOOSS!

La Ender Pearl teleportó a Henry y este apareció encima del portal junto al Orbe del Dominio, que seguía proyectando su tenebroso rayo. Natalie se armó de valor para combatir a los piglins que se aproximaban. Pero entonces oyó una voz familiar…

—¡EH, ESTÚPIDOS CERDOS! —gritó Dawn—. ¡ESTAMOS AQUÍ!

Dawn y Dennis emergieron de una arboleda. La mujer se volvió hacia el lobo ansioso:

—¡Atácalos, Dennis!

El animal echó a correr como una exhalación.

Dawn silbó, y decenas de lobos salieron velozmente de los árboles para unirse a Dennis. Estos eran los refuerzos que había mencionado Dawn, quien había logrado reclutarlos gracias al fuerte vínculo que tenía con todos los animales. Esa avalancha de lobos cargó contra los piglins para proteger a Natalie.

Al ver cómo el supergólem despejaba el camino hacia el portal, el Gran Puerco se sumó a la batalla, disparando con su bláster contra los gólems de hierro.

¡ZZWORK!

Sus crepitantes rayos de energía resultaron ser mucho más efectivos a la hora de combatir a los gólems de hierro que las flechas de los jinetes de cochinos. Pero entonces el supergólem se acercó a una velocidad increíble al Gran Puerco y le dio hasta en el cielo del paladar.

¡GUAM!

¡GUACK!

De repente, el Gran Puerco vio a Henry en la parte superior del portal y logró lanzar una bola de fuego hacia él. ¡ZUOOOMP! Justo cuando estaba a punto de coger el Orbe, ¡algo derribó a Henry!

—¡Henry! —gritó Natalie.

Dawn y ella observaron lo que ocurría con horror e impotencia. Steve, que seguía luchando contra Malgosha, alzó la vista y vio a Henry caer.

¡Chillando, Henry se precipitó al vacío desde una altura de diez pisos!

—¡AAAAUUUGH!

CAPÍTULO VEINTICINCO

¡Garrett surgió de la nada! ¡Pilotaba un ghast desde la góndola que pendía por debajo de la criatura! Descendió en picado y logró agarrar a Henry antes de que alcanzara el suelo. A continuación, tiro de él para subirlo a la góndola.

—¡Te tengo, colega! —gritó Garrett, con un cierto tono chulesco.

—¡Garrett! —exclamó un Henry muy feliz—. ¡Estás vivo!

Garrett le guiñó un ojo.

—Los triunfadores nunca mueren; sí, ese es el Megaconsejo de un Grande. Además, me acordé de ese truquillo que usaste con el cubo de agua. ¡Eso amortigua siempre la caída!

Garrett dio un giro de 180 grados con el ghast por encima de Natalie y Dawn y voló de nuevo hacia el portal.

Dawn y Natalie se emocionaron al ver que, de alguna manera, Garrett había sobrevivido a su caída desde el puente de la Mansión del Bosque. ¡Pero más esqueletos y zombis estaban emergiendo de la espesura! ¡Tenían que hacer algo para impedir el oscurecimiento!

En la góndola, Garrett gritó:

—¡DALE CAÑA, HANK!

Henry pinchó al ghast con una lanza, y la criatura lanzó una ráfaga de bolas fuego contra el portal. ¡BUUM! La torre del portal se desmoronó, y el Orbe del Dominio se precipitó al suelo, acabando así con el Gran Oscurecimiento. ¡La noche dio paso al día, y las criaturas nocturnas estallaron en llamas!

—¡¡¡No!!! —gritó Malgosha.

El Gran Puerco recogió del suelo el Orbe del Dominio y se rio de Natalie y Dawn. Pero antes de que pudiera devolvérselo a Malgosha, el Gran Puerco fue atropellado a una velocidad tremenda por el supergólem que llevaba puestas las Botas de Celeridad. El Orbe salió volando hasta caer directamente en la mano de Natalie.

—Sí —admitió Natalie—, esas botas funcionan, sin duda.

En cuanto Garrett aterrizó con el ghast, Natalie y Dawn fueron corriendo a abrazarlos tanto a él como a Henry.

—Garrett —dijo Natalie—, nunca creí que fuera a decir esto, pero me alegro de que estés vivo.

Malgosha, que se estaba zombificando, lanzó un terrible alarido. El resto de los piglins huyeron hacia el portal del Inframundo mientras este se cerraba para siempre.

Steve, que sostenía su espada de diamante contra la garganta de Malgosha, le dijo:

—Has fracasado, bruja. El Mundo superior ha sobrevivido.

—Tú también te has creído la gran mentira —logró contestar la hechicera entre gruñidos—. Nunca serás feliz. En lo más hondo de tu ser, sabes que uno sufre si sueña, si crea, si tiene esperanzas. Eso es lo que te llevó a caer en mis garras en un primer momento.

—Tienes razón —afirmó Steve—. Es más difícil crear cosas que destruirlas. Por eso, los cobardes tienden a elegir el sendero de la destrucción. Porque es más fácil. —Vio que la luz del sol había zombificado a la hechicera casi por entero—. Hasta la vista, Goshe. Cada minuto que he compartido contigo ha sido realmente horrible.

—Una última cosa —gruñó Malgosha—. Acércate más…

Un pensativo Steve arrugó el ceño.

—¿Vas a sacar otro cuchillito para intentar apuñalarme?

—No, no, no —contestó Malgosha, respirando con dificultad—. Estoy muy débil. Simplemente, acércate más.

Steve se acercó. De repente, Malgosha sacó otro cuchillito e intentó apuñalarle. Pero como estaba muy débil, pudo quitarle el cuchillo.

—¡Venga ya! —dijo enfadado Steve.

—Merecía la pena intentarlo —afirmó con una voz ronca la hechicera—. Pero voy a decirte una última cosa. Simplemente, agáchate más. Es un secreto.

—Ni de broma —respondió Steve, negando con la cabeza—. Eso no va a pasar.

—No, es un secreto sobre ti —susurró—. Confía en mí. Agáchate.

Steve se agachó, y Malgosha intentó apuñalarlo con una daga que tenía escondida en la otra mano. Con suma facilidad, le quitó el cuchillo de un golpe.

—La verdad es que eres lo peor de lo peor —afirmó Steve—. Adiós.

—Vale, vale —dijo Malgosha con una voz entrecortada—. ¡Se acabó! Vuelve. No tengo más cuchillos. ¿Dónde podría tenerlos escondidos?

Steve se alejó. Malgosha, que ya era prácticamente un zombi, sacó un cuchillo que llevaba envainado en el tobillo y lo lanzó contra él. Pero como estaba tan débil, el arma solo voló medio metro y cayó al suelo con estrépito.

Una vez hecho esto, Malgosha expiró su último y nauseabundo aliento, y nadie lloró su muerte.

CAPÍTULO VEINTISÉIS

Henry, Natalie, Dawn y Garrett se encontraban delante del portal que los iba a llevar de vuelta a Tierra. Steve sostenía la caja en la que se combinaban el Cristal de Tierra y el Orbe, que abriría el portal. Los aldeanos de Midport se congregaron para ver partir a los visitantes que habían salvado su mundo. El vendedor de mapas se acercó, hizo una reverencia y le entregó a Natalie un mapa enrollado.

—Un poco tarde, pero gracias —le dijo, a la vez que cogía el mapa.

—El mundo real. —Steve suspiró—. ¿Estás seguro de que quieres volver ahí, Henry? No será como esto. —Con un amplio gesto, señaló al Mundo superior; la hermosa tierra que los rodeaba—. En el mundo real te juzgarán y te enfrentarás a muchas limitaciones y obstáculos.

—Lo sé —contestó Henry, encogiéndose de hombros—. De todos modos, voy a seguir creando.

Sonriendo de oreja a oreja, Steve dijo:

—Así me gusta. Eres un chaval valiente.

Natalie, que se sentía más orgullosa que nunca de su hermano pequeño, le revolvió el pelo.

Steve se arrodilló junto a Dennis, quien habló con él lanzando unos suaves ladridos.

—Pues claro que te quiero —respondió Steve—. Por eso creo que esto es una buena idea. Como acabo de salir de la prisión porcina, voy a vagar un poco por ahí. Buscaré un trabajo a tiempo parcial, algo que pueda hacer con las manos. —Señaló con la cabeza a Dawn—. Te mereces tener un hogar, Dennis. Un jardín. Y sé que ella te puede dar tanto amor como yo.

Dennis le lamió la cara a Steve con cariño.

Dawn se acercó a este par de amigos.

—Steve, ¿estás seguro?

—Lo estoy —contestó Steve—. Él me cambió la vida. Ya es hora de que te cambie la tuya. Tienes un vínculo fuerte con Dennis. Cuando te mira, es casi como si se le dibujaran unos corazoncitos en los ojos.

Steve y Dawn se abrazaron.

—Gracias, Steve —le dijo—. De veras.

Mientras Dawn y Dennis atravesaban el portal, Steve le cantó una canción a Dennis en la que le decía que era el lobo con el que siempre había soñado, pero que había llegado el momento de que le cambiara la vida a Dawn.

—Adiós, Garrett —dijo Steve—. Eres un guerrero alucinante… y un buen amigo.

—Adiós, Steve. Ojalá volvieras a casa con nosotros —le contestó Garrett, a la vez que le apretaba la mano—. Hank mola, pero la verdad es que no tengo amigos de mi edad. Seríamos un gran equipo. *God bless, you.* Eso quiere decir «adiós, hermano».

—No, no quiere decir eso —señaló Natalie.

—Claro que sí —insistió Garrett.

Garrett cruzó el portal. Henry lo observó marchar. Después, se aproximó al portal, se detuvo y respiró hondo. Miró hacia atrás, a Natalie, y se dio cuenta de que esta titubeaba.

—¿Estás lista? —le preguntó.

Ella contempló por última vez el reluciente paisaje del Mundo superior, cuyo sol iluminaba las montañas y cañadas. Sus colores parecían ser más intensos que nunca.

—Sí —respondió—. Voy a echar de menos este sitio.

Natalie apoyó el brazo sobre el hombro de Henry, y atravesaron el portal juntos.

Steve se quedó ahí un momento, observando fijamente el portal. Entonces dijo:

—Oh, maldita sea. Yo también me voy.

¡Y, de un salto, lo atravesó!

De vuelta en casa, en Chuglass, Idaho, los cinco aventureros triunfaron de nuevo, inspirados por las experiencias que habían vivido en el Mundo superior.

Gracias a Dennis, que era la principal atracción del minizoo de Dawn, esta tuvo clientes de sobra y pudo dejar sus otros negocios para concentrarse en ser una cuidadora de animales a tiempo completo.

El Game Over World de Garrett se convirtió en la tienda más popular del pueblo. Era muy feliz enseñando a una generación nueva que los juegos eran capaces de tender unos lazos muy fuertes entre los jugadores. Le encantaba, sobre todo, compartir con ellos el videojuego que había diseñado con Henry, Block City Battle Buddies. Se trataba de un juego nuevo que estaba inspirado en sus aventuras en el Mundo superior y que se podía jugar en una máquina recreativa clásica. Natalie había pintado un paisaje alucinante en un lateral de la máquina, donde podían verse muchos elementos y criaturas del Mundo superior. ¡A los jugadores les encantaba!

Steve solía actuar a menudo en la tienda, donde cantaba para sus fans, que eran muy entusiastas. ¡Más de una vez, la gente bailaba espontáneamente!

Natalie por fin acabó de desembalar las cajas y de poner la casa en orden tal y como a Henry y ella les gustaba. La última caja que abrió estaba etiquetada como COSAS DE NAT. Tras rebuscar en el fondo, dio con un cuaderno en blanco que era igual que el de Henry. En la contraportada, su madre había escrito PARA NATALIE. DÉJATE LLEVAR POR TUS SUEÑOS. CON CARIÑO, MAMÁ.

Sonriendo, Natalie cogió un pincel y se puso a pintar. Le daba igual que lo que estuviera pintando tuviera cierta calidad o no. Solo quería crear algo. Algo nuevo. Algo que nadie hubiera visto jamás.

¡Henry la había inspirado a ser creativa!

SOBRE EL AUTOR

David Lewman es un escritor de libros para niños con más de 150 libros basados en franquicias tan famosas como los superhéroes de DC, Bob Esponja, Jurassic World, Trolls y muchos otros personajes populares. Escribió la novela original *Before the Batman*, basada en la película *The Batman*; en la actualidad, está trabajando en una novela de Superman, basada en el filme *Superman Legacy*, que se estrenará próximamente. También ha escrito guiones para televisión y cómics. David vive en Los Ángeles con su esposa, Donna, y su perro, Gomby.